一瞬で「信頼される人」になる!

できる大人のことばの選び方

JN136754

松本秀男

青春新書
PLAYBOOKS

はじめに

ことば選びで、人生も選べます

毎日自分は頑張っているけれど、どうも仕事がいまひとつだ、誰かとの関係がうまくいかない、いい人生と言い切れない。どうにかもっといい毎日を、いい人生を送れないだろうか？　私もずっと思ってきました。

実は自分の言葉の選び方に、その解決策があるのです。

普段、自分が口にする何気ない言葉や、頭の中で思わず呟《つぶや》くひとり言を、ほんの少し選びなおすだけで、自分自身や自分の身の回りに、驚くほどの変化が起こり始めます。一瞬で信頼される人になり、周りにいい影響を与える人、大切にされる人、居てほしい人に変われます。まさに人生を選びなおせます。

たとえば、何か困りごとや難しめのお願いをした時に、

「うーん、考えてみます…」「難しいかなあ…」「無理でしょ！」と言う人と、「何から始める？」「じゃあ、どのようにすればできるかな？」「ハードルが高い分、やりがいがあります」と言う人。

どちらが「頼りになる！」「この人にお願いしてよかった！」と思われるでしょうか？

あるいは、「あいつより優秀だよ！」と誰かを下げるようなほめ方をする上司と、「おおお、またひとつ課題をクリアしたね」「きみはうちのチームに欠かせない人だ」と自分の成長や存在をしっかり認めてほめてくれる上司。

どちらの上司についていきたくなりますか？

同じ事実、同じ出来事なのに、選ぶ言葉によって、その意味も価値も場の空気も、相手に与える影響も、向かおうとする未来も変わってしまいます。

私は歌手さだまさしさんの制作マネージャーを務めたあと、家業であった東京・足立区の下町のガソリンスタンドのおやじを経て、45歳で外資最大手の損害保険会社の代理店研修生（契約社員の営業）になりました。あとでふれますが最初は「ダメ営業」。一日70件まわっても契約ゼロという日が続き、月の手数料収入が2000円という時もありました。

そんな私が結果的に「トップ営業」になり、その後、異例の扱いとして正社員となりました。そして英語もできないのに本社の中枢である経営企画部のマネージャーとなります。役員とともにプロジェクトをまわし、会社の変革に貢献したと「社長賞」までいただきました。

ガソリンスタンドのおやじが、外資の本社。そんな私の「大きな変化」の理由も、すべては自分の「小さな言葉選び」にあったのです。

それらの経験をもとに、いまは日本ほめる達人協会の専務理事として、大手企業での社員研修や、テレビ出演、海外講演も行っています。

本書では、言葉をちょっと言いかえることで、仕事や人生にブレイクスルーを起こす。驚くほどの良い結果を次々に引き寄せる。そんなエピソードを60例、紹介いたします。

今日自分が口にするその言葉、どんな言葉を選んだら、どんなふうに言いかえたら、自分に奇跡を起こすのか?

ご参考にしていただければ幸いです。

松本秀男

ちょっとした言いかえが
いい結果・いい関係を引き寄せる!

相手のスキルではなく存在価値を認める

△「仕事できるね!」

○「欠かせない人!」

マイナスをプラスに変換する

△「疲れた!」

○「がんばった!」

減点法より加点法で見る

△「ドンマイ!」

○「ナイストライ!」

ヨコではなくタテでほめる

△「Aさんよりすばらしい」

○「またひとつ課題をクリアしたね」

一瞬で「信頼される人」になる！　できる大人のことばの選び方　目次

第1章 「ことばの選び方」ひとつで、人生にブレイクスルーが起こる
「信頼される人」の口ぐせとは

第2章 「言いかえ」の技術が人を動かす
「信頼される人」の伝え方とは

第3章 何気ないことばが〝極上のプレゼント〟になる 「信頼される人」の気くばりとは

第4章 明るいことばが明るい未来を引き寄せる
「信頼される人」の逆転の発想とは

本文デザイン・DTP　岡崎理恵
JASRAC 出 1911881-901

第1章

「ことばの選び方」ひとつで、人生にブレイクスルーが起こる

「信頼される人」の口ぐせとは

1

「すみません」↓「ありがとう」

「ダメ営業」を「トップ営業」に変えた口ぐせ

45歳で転職して、損害保険の新人営業となった頃のことです。
最初の半年はかなり苦労してご契約をいただいておりました。苦労してお客さまと関係を作り契約に至るのですが、実は契約後のお客さまとの関係がうまくいかないことがたくさんありました。

もちろん、新人だからということもあるとはいえ、お客さまに怒られる、場合によっては怒鳴られる、クレームが起こる、本当に慎重にやっているのに大失敗する、何よりもお客さまが満足しているふうではない。だから当然、自分も楽しく仕事をしていない。

優秀な先輩たちはどうかと言えば、お客さまといい関係を作り、契約もたくさん上げて、いつも楽しそうに仕事をしています。知識や経験の量ももちろん違うのでしょうけれど、何か自分に足りないものはないのだろうか？　そんなことを考えていた時のことです。

同じオフィスに自分と同じように「楽しくない状態で」仕事をしている同僚がいました。

ある日、その彼がお客さまに電話をするのを何気なく聞いていて、思わず私はドキリとしました。彼の電話には私と共通するところがあるのです。

それは、ある言葉の連呼でした。

「すみません」「あ、すみません」

口癖のように言う「すみません」。

それが自分に思い当たってドキドキしました。

私が30代の頃にいた会社の上司から言われたことを思い出しました。

「すみません、すみませんって、意味なく連呼するな！」

すっかり忘れていました。謙虚な営業と見られたいがために、きっと私はその言葉を選んでいたのだと思います。

けれど、**「すみません」という言葉の響きには、きっと「すみません」なシチュエーションが生まれます**。「すみません」と言う言葉を習慣にすると、きっと「すみません」な人になってしまうのではないか？　と考えました。じゃあ、どうしたらいいのでしょう？

ならば「優秀な先輩の口癖は？」と注意して先輩たちの電話に耳を傾けていた時に、ある大変な言葉を発見しました。今にしてみれば、自分にとっては世紀の大発見だったかもしれません。

「ありがとうございます」「あ、そうなんですね、ありがとうございます」

優秀な先輩たちの口癖は「ありがとう」だったのでした。

その日から私も「すみません」を「ありがとう」に変えてみました。いきなりすべてを変えることは難しいものの、少しずつ、少しずつ変えていきました。すると不思議なことが起こり始めたのです。

目の前に現れるお客さま、出会うお客さまが変わったのです。

いや、いま振り返って正確に言うと、目の前の人、出会う人の、表情や態度が変わったということかもしれません。**お客さまの笑顔が増え、クレームが減り、私の失敗も減り、何よりお客さまが満足そう。だから当然、私も仕事が楽しくなりはじめる。そんな好循環が起こりはじめました。**

「すみません」には「すみません」なシチュエーションがあるように、「ありがとう」には「ありがとう」なシチュエーションが生まれます。

そして、「ありがとう」はすなわち「感謝」です。「感謝」のシチュエーションが生まれるのです。

さらにもう一つ「ありがとう」にもれなく付いてくる素敵なものがあります。

それは「笑顔」ですよね。「すみません」では暗い表情、「ありがとう」には温かな、安心感のある「笑顔」が付いてくる。

ですから、「ありがとう」の量を増やすと、まず自分の笑顔の量が増えます。お客さまから見て安心感も生まれます。そして**「人間関係は鏡」です。「笑顔」には「笑顔」が集まります**。

また、こうも思いました。今まで私が「すみません」ばかり言っていた時には、ひょっとしたらお客さまに感謝すべきことを見逃していたのかもしれない。「ありがとう」と言うべきことを、気づかず過ごしていたのかもしれない。

だからお客さまも嬉しくない。だからいい関係ができなかった。

なぜならいま、「ありがとう」と思えることが、こんなにたくさんあるのですから。私が「ありがとう」を増やす以前から、「ありがとう」と言うべきことがたくさんあったはずなのです。「すみません」を「ありがとう」に言いかえる。実はたったそれだけで、私たちの人生には大変革が起こってしまうものなのです。

2 「失敗した！」↓「成長した！」

すべての失敗はチャレンジの証し！

私は毎日、反省するような出来事ばかりです。

「なんであんなこと言ってしまったんだろう？」

「なんであの時、うまくできなかったんだろう？」

「なんであのひと言が言えなかったんだろう？」

そんな毎日の繰り返しです。失敗ばかりと言いますか、失態ばかりと言いますか、そんな人生を歩んできました。

かわいらしいものでは、少し前にフェイスブックのメッセンジャーで、

「土曜日だけど何食べる？　食べたいものある？」

と男友だちに送ったつもりが、まったく違う女性に送ってしまって慌てたことがありました。そんなのはごくささやかな話です。ずいぶんいろんなことをしでかしてきました。

とりわけ真剣に取り組んだことほど、うまくいかないことがたくさんあります。そりゃ

そうですね。自分でハードルを上げて取り組んでいるのですから、ハードルを蹴倒したり転んだりすることも多くなるはずです。

ただ、「失敗した！」「またダメだった！」と頭の中でつぶやいていると、だんだん自分が「できない子」になってしまいます。「何をやっても失敗する子」になってしまいます。

これもまた自信がなくなりますから、よろしくない口癖です。

ですので、「失敗した！」を「成長した！」に言いかえるようにしました。

考えてみれば、**私たちは失敗したり、ピンチにあったりするたびに、必ず成長してきています**。もう二度とそんなことを起こさないようにするとか、もっとうまくできるようになるとか、慎重に取り組めるようになるとか。

もちろん、同じ失敗を二度、三度してしまうことだってありますが、それも含めて「成長」です。

すべての失敗はチャレンジの証し。たった一度の人生です。すべての失敗は自分の成長ですよね。だから実は「失敗」なんて言葉は使わなくていいはずです。

「ああ、また成長してしまった！」な毎日を。

3
「疲れた…」↓「がんばった！」
過去の事実は変えられないが過去の意味は変えられる

私が会社員として働いていた時代で、一番しんどかった時代は？　といえば、やはり三十代、四十代の頃だったように思います。

二十代の頃は若さと勢いまかせでなんとかなっていましたが、三十代となると責任も増える、部下ができる。それ自体、未体験なことです。お客さまの幅が広がればこれまた未体験なタイプのお客さまとの接点がたくさん生まれます。役職として経営側とも近くなるにつれて、期待されることも増えてくる。おまけに結婚などしてしまえば、これまた家族に対しての責任も生まれる。まさに未体験なことづくし。

それでも何ごともうまくいっていればいいのですが、小さなつまずきから調子が狂い、青息吐息な毎日になることもたくさんありました。

「うわあ、疲れたなあ」「もうぐったり…」

そんなセリフを何度も口にしていたように思います。そしてさらに、そんなセリフを多く口にするようになっている時に限って、大失敗、もしくは大失態、を起こしてしまいます。

「まじかよ…」

そして負のスパイラル、もしくは抜けるに抜けられないアリ地獄に足を踏み入れてしまいます。

「アーレ〜〜！」。ジタバタするほどに沈みゆく我が身。

こんな時にとても効果的な対処法を、のちに、ほめ達！（日本ほめる達人協会）でお世話になっている大手焼き鳥チェーン店のスタッフ総会でお聞きしました。これもまさに「言いかえ」です。

飲食業は今まさに、人手不足で大変なお仕事。それでも、この仕事を好きでやっているのであれば、大変な中にも、喜びや自分の成長を見つけたいもの。

「一日働いて、疲れた！　と言葉にするのか、充実していた！　と言葉にするのか。それによって感情が変わります。過去の事実は変えられませんが、過去の意味は変えられるのです！」

「疲れた！」よりも「充実していた！」「がんばった！」

確かに今日一日に、どんな言葉を与えるかで、その一日の意味がまるっきり変わってしまいますね。

これは一日ばかりの話ではないですね。

「今までずっとつらい人生だった…」のか、「ずっとがんばり続けた人生だった！」のか。「努力したけれど報われなかった…」のか、「少なくとも努力した分、自分は成長した！」のか。

「過去と他人は変えられない」とは言いますが、過去の出来事で変えられないのはその事実だけ。

それがどんな意味を持つのか、どんな価値を持つのかは、実は、今の自分が決めることができるのですよね。

「疲れた…」「しんどかった…」と心のガスを抜くのも悪くはありませんが、「充実していた！」「がんばった！」「まーた成長しちゃった！」と言いかえた途端に、自分も自分の人生のヒーローやヒロインになれてしまいます。

自分のがんばりは、自分がその時々に精いっぱいになしえたこと。誰かと比べる必要もありません。

明日はきっと、もっと「がんばった！」自分がいるのでしょうから。

4 「サービスする」→「笑顔にする」

仕事の質がブレイクスルーする言いかえ

私は仕事で決めていることがあります。それは一日3人以上、笑顔にすること。

前職の損害保険会社に勤めている頃から次第に気づき始めたことがありました。どんな仕事であっても、人は結局、誰かを笑顔にするために働いているのではないでしょうか。

損害保険の仕事で言えば、保険の契約が済んで、事故が起こった時を想像する不安が減って安心した笑顔。いざ事故が起こったら、すぐに保険金がおりて、元の生活を取り戻せるとホッとされた時の笑顔。製造業の仕事で言えば、欲しい製品を手に入れて使ってみた時の喜びの笑顔。サービス業なら素晴らしいおもてなしにお客さまが感動した笑顔。食べ物を扱っているならば、美味しい笑顔。先生方なら教え子さんが、できなかったことができるようになった時の花咲くような笑顔。

どんな仕事でも、ゴールには笑顔がありますよね。

ならば最初から笑顔を目的にしてしまえばいい。さらには数値目標も持って、一日3人以上を「笑顔にする」。

名刺交換の時も、こちらがにっこり笑って、

「お会いするのを楽しみにしておりました！」

と握手の手を出せば、相手も必ず笑顔で手を差し出し、強く握り返してくださいます。

業務のメールなどでも、相手が読みながら笑顔になってくれることを考えながら書けば、相手のために何かプラスのひと言を付け加えられて、後で聞いたら本当に笑顔になってくれていたなんてことがたくさんありました。

接客マナーやサービスマニュアル、ルールや規定、工程表はもちろん大切ですが、最後に目指しているのが誰かの「笑顔」なんだ！　という気持ちをいつも心に持ち続けていると、不思議にどんな仕事でも張り合いが生まれます。マニュアルもルールも活かすことができます。

何より、小さな笑顔であっても、笑顔をもらった瞬間に「やった！」と小さな達成感が生まれます。

仕事を「笑顔にすること！」と言いかえる。その途端に自分の仕事が、不思議なほどに突き抜けていきます。

5 どんなときでも「最高！」

言い続けると、その通りの人になる

高校の落研《おちけん》のＯＢと後輩から始まって、のちにマネージャーとなったり、私はさだまさしさんとかれこれ40年以上おつきあいをさせてもらっています。

誰もが認める才能を持ち、45年以上も第一線で活躍されているさだまさしさん。やはり成功される方には、成功される方が使う言葉や口癖があると私は感じています。

もちろんポジティブな口癖です。さださんにもそんなポジティブな口癖がたくさんありました。その一つに「最高！」があります。

「もうさ、こないだ最高だったんだよ！」

「その時のメンバーの演奏がまた最高でさ！」

「松本！　お前、それ最高じゃん！」

何かにつけて「最高！」を連発されていました。さださんが「最高！」と言うと、不思議なもので、何でも「最高！」に見えてきます。自分は気づきもしなかったことが、突然

価値あるものに見えてきます。

言葉とは不思議なものです。そこにある価値に気づくも気づかないも、その人次第。ましてそれを「最高！」のレベルまで感じとれるかどうかもその人次第です。

「松本、お前最高だな！」なんて言われた私本人は、「そうかなあ？」と思っていたりするのですが、結局価値は人が決めるもの。誰かが「最高！」と言ってくれるのなら、きっとその人にとっては「最高！」。その人にとっては大きな価値があるものなのですよね。

となると言われた本人は嬉しくなるので、「最高！」に近づこうとしたりします。

だから結局さださんの周りは、「最高！」だらけになる。すると結局、「最高！」たちのど真ん中にいるさださん自身が「一番最高！」になってしまうのですね。

まさに、周りを輝かせてその照り返しで一番輝く「ほめ達！（ほめる達人）」を地でいかれる方だと思います。

「最高！」とたくさん口にする人ほど、「最高！」になるものなのですね。

サン＝テグジュペリが『星の王子さま』の中で「大切なものは目に見えない」と書きました。まさに目に見えないものに価値を与え、しかもそれを「最高！」なまでに輝かせる。

そんな口癖を言う人こそ、成功していくのだと思います。

6
「忙しい」→「ヒマでヒマで！」
チャンスは「余裕」から生まれる

「松本さん、忙しいでしょう？」などと聞かれた時には、

「いやあ〜、暇で暇で！」

と答えることにしております。実際に忙しいか暇かはおいといて。むしろ、どんなに忙しかろうと、「いやあ〜、暇で暇で！」とお答えしています。

これは、まあ、そう決めているので、もう習慣のようなものです。

以前、さだまさしさんの仕事をしている頃、よくさださんから言われたセリフがあります。

「松本ぉ、お前、忙しい？」

当然、その裏メッセージとしては、何かしてほしいことがあるんだなとわかりますので、

「いやあ〜、暇で暇で！　どうしようかと思ってたんです♪」と答えておりました。

すると、「そうか、暇ならしょーがねーなあ。ちょっと頼みたいことがあるんだけど」

などと言いながら、さださんの目がキラリンと光ったり、口元がムヒヒとなったりします。

たいてい、その「頼みたいこと」が面白い。若干、世間で言う無理難題的でもあったりしますが、それ、実現したら面白いですよね、ということばかりでした。

「まじですか？　いや〜、了解です。やってみます！」

そんなふうに始まった楽しい企画がたくさんありました。

このさださんとのやりとりは今だに続いていて、たまにコンサートにお邪魔して、楽屋に伺ったりすると、顔を見るや否や挨拶もそこそこに、「松本ぉ、お前、忙しいか？」などと聞かれます。私が必ず、暇ですと答えるのを知ってか知らずか、最近は、「松本ぉ、お前、暇だろ？」に変化（進化？）し始めています。

そんな時も「へい、暇でございます」。そんな感じです。私が今、どんなに講演や研修で全国を走り回っていてもそうお答えします。

これはさださんに限ったことでなくて、誰に聞かれても同じようにお答えするようにしています。前職の保険会社の頃も、私はいくつものプロジェクトを掛け持ちしたりして、誰から見ても忙しそうだったようですが、「松本さーん、忙しそうだねぇ」なんて聞かれた時には、「いやいや、暇で暇で、今日一日何しようか、困ってしまって」。そんなふうに答えておりました。

なかにはその言葉を真に受けて私を気の毒がってくれて、（松本さん…仕事干されてるのかしら？…）などと心配そうな顔をしてくれる方もあり、それも面白かったのですが。

「ええ、ほんと忙しくて…もうたいへんで…」とキツそうに言うよりは、「いやいや、暇で暇で！」と笑っていたほうが、場が和んで、相手との距離が近くなったりします。何より私に余裕も感じてくれるでしょうし、私自身も余裕が生まれます。

「そうなの？　じゃさ、ちょっとだけ、今、時間いい？　これ、松本さん、得意だよね？」なんて具合に、頼りにされたりして、あらたなチャンスが生まれたりします。

ものごとはしばしば「暇」、つまりは「余裕」「心にゆとりがある状態」から生まれてきますよね。

私が大阪の新任営業トレーナーからわずか2年で本社の経営企画部マネージャーに引っ張られた奇跡のような異動も、この「暇で暇で」のおかげかもしれません。

「暇で暇で」はチャンスを拾える言葉ですね。ほんとは忙しかったのですが。

7 「私、得意です」↓「わりと得意です」

自慢しすぎず、謙遜しすぎず、強みを活かすことば

これも魔法のような言葉の一つです。

自分の強みや得意なことを、自慢しすぎず、謙遜しすぎず、自然にアピールできて、その強みで周りの役に立っていける言葉。

「あ、それ、わりと得意です」「案外、私、得意なんです」

押し付けがましくもなく、かといって、遠慮しすぎるわけでもなく、自分の強みや得意なことを伝えることができます。

「私、それ、得意です！」とは、なかなか言えないですよね。もっと得意な人がいるだろうと思えますし、そこまでアピールするほどかなあ、などと、自分も相手も考えてしまいます。けれども「わりと得意」ならば、とても気軽。

「まあ、十年もこの仕事してますから、わりと得意ですよ」

「プロには勝てないですが、案外得意です！」

がんばったりこだわったりしてきた自分を、素直に伝えることができてしまいます。

そういえば昔、私がさだまさしさんと仕事をしていた頃、さださんもよくこの言葉を使っていました。

「うん、トーク？　わりと得意だよ、オレ」

「作詞（作詩）ね、まあ、案外得意だよ（笑）」

いやいや、さださんが得意でなくて誰が得意なんですか!?　ですよね。ただ、さだまさしさんほどになったとしても、日々さらにいいものを生み出そうとされていることに変わりはありません。詞（詩）や言葉へのこだわりは、古典や文豪、歌人や哲学者にまで学び続けてきた方ですし、トークだって名人と言われた落語家さんやエンターテイナーを愛し続けてきた方。あれだけの素晴らしいパフォーマンスをするさだまさしさんでも、「私は得意！」とまでは言い切れないのでしょう。成長し続ける人の謙虚さを感じます。

ただ、さだまさしさんも自分で努力し続け、こだわり続けていることは、自分でも自信を持って言えるのだと思います。ですから、

「わりと得意なんだよね！」

は、自分の強みに対する自信というよりは、努力に対する自信なのだと思います。

また、**「わりと得意」に変えると、一気にハードルを下げることができるのと同時に、小さなお役立ちができるようになったりします。**

「スマホのアプリとか、わりと得意なんです」

「懇親会のお店選び、案外得意ですよ」

「あなたは、お年寄りとお話しするの、わりと得意ですよね？」

「ねえねえ、これわりと得意じゃない？　お願いしていい？」

自分も周りも、役立つ人ばかりになってしまえて楽しくなってきたりします。

さらに、自分の「わりと得意探し」してみるのも面白かったりします。

「旅先で、美味しいお店を見つけるの、わりと得意」「初対面の人と、共通の話題見つけるのが、案外得意」「通勤電車で、次の駅で降りそうな人の前に立つの、けっこう得意」「仕事の資料の誤字脱字を見つけるの、わりと得意」「ゆで卵を半熟にするの、案外得意」「キャンプで薪に火をつけるの、わりと得意」

なんだか自分も得意なことだらけに思えてしまいます。そしてまた、周りの人への小さなお役立ちも、たくさんできそうな気になってきますよね。

8 「難しいよね」→「カンタン！」
アメリカの成功者たちが口にする心のブレーキを外すことば

二〇一九年三月にニューヨークとロサンゼルスで「ほめ達！」講演をしました。現地で活躍される日本企業の駐在員の方や、現地で起業してビジネスを成功された日本人経営者向けの講演です。

この話は元をただすと、１年前に山口県の岩国で私が講演をした際のこと。担当してくださった時事通信社の岸本支社長が３年前までロンドンに駐在されていた方で、「松本さん、このお話、ぜひロンドンでも！」となりました。半年後にロンドンで講演させてもらったところ、担当してくださった片山ロンドン支局長が、「松本さん、このお話、ぜひニューヨークでも！」となり、その半年後にニューヨークでの講演が決まりました。担当してくださった岸田米国時事通信社社長が「松本さん、ついでにロサンゼルスも！」と、何やらわらしべ長者じゃないのですが、次から次へとご縁がつながるありがたさを感じます。一方で「ワールドツアーだ！」などと一人で盛り上がったりもしておりましたが。

どこへ伺っても「ほめ達！」をしっかりと受け止めていただき、人を認め、人との関係を大切にすること、言葉のチカラで場の空気を変えたり、自分や周りの人の可能性や成長を引き出したりしていくことの大切さは、世界のどこでも求められているのだと感じました。

もちろん、教わったこともたくさんあります。いやむしろ、教わったことのほうが多かったと言えます。世界の各地、とりわけ、世界を牽引している街で活躍される方たちの考え方や、使う言葉。とても刺激的でした。

ロサンゼルスの講演には、さだまさしさんの曲「極光（オーロラ）」のモデルでもある阿岸明子さんがいらしてくださいました。阿岸さんは、半世紀にわたってアメリカと日本企業の橋渡しや仕組み作りをされてきた方。現在は、米国で日本語を学ぶ教師や学生、子どもたちのための、オーロラ日本語奨学金基金も主催されています。

さだまさしさんがソロデビュー後にロスでレコーディングをした時のコーディネイトもしてくださいました。「極光（オーロラ）」という曲は、飛行機事故で亡くなられた、自然を愛した写真家のご主人阿岸充穂さんとの物語を歌った悲しい名曲です。

私はその後にさだ企画に入り、阿岸さんと面識はなかったのですが、阿岸さんはロスで活躍される経営者の一人として私の講演に興味を持たれ、たまたま講師の私が昔、さだまさしさんの制作マネージャーだったと知られたようです。

岩国から始まった不思議なご縁の先にまた、とても素敵な阿岸さんとの出会い。

阿岸さんも喜んでくださり、ロスでの三日間、いろいろな場所に招待してくださり、素敵な人たちにご紹介いただきました。

日本でも有名なフラワー&デザインのアーティスト、ニコライ・バーグマンさんのビバリーヒルズ1号店のオープニングレセプションに呼んでいただいたり、世界各国で日本料理店を展開するノブ・マツヒサさんにご紹介いただいたり。まさに世界レベルな方々と、なかなかできない体験をさせていただきました。

三日間ほどロスで過ごした頃、阿岸さんをはじめ、ロスで出会った成功した人たちみんなが使っている、共通の言葉があることに気づきました。

食事の席や、パーティーの席で、お互いのビジネスや、これから取り組むこと、挑戦することを語る時などに、必ずその言葉が出てきました。

「カンタンよ！」

「うん、でもカンタンだと思うよ！」

「カンタン、カンタン！」

どなたも、軽やかにこの言葉を口に出します。

そんなに難しく考えることはない、やってみれば、けっこうできてしまうものだよ！

とでも言うように、気軽に楽しそうに言われます。

「カンタン、カンタン！」

なんだかそう言われると、そんなような気がしてきます。

「難しいよね」「でもさあ、これって…」「私にはちょっと…」

とでも言いたくなるような課題や挑戦でも、ひとまず「カンタン！」と言ってしまう。

それだけで心のブレーキが外れ、アクセルを踏み込めるような気がします。

ビジネスで成功したり、世界レベルで活躍したりするために、まずは必要なことは何か
と言えば、おそらく「一歩踏み出す」ことなのでしょう。

その「一歩」の先に、広い世界が広がっています。

そしてその一歩を踏み出すだけであれば、実は「カンタン」なことなんだ、と教えてい
ただきました。

9

「できない！」↓「何から始める？」

無理な依頼には踏み出しながら答える！

無理なお願いをしたことも、されたことも、するところを見たこともたくさんあります。もちろん自分ができないことは引き受けられませんが、依頼してきた相手としては、できると見込んでのお願いでしょうから、期待に応えられたら嬉しいですよね。そして、どうせ引き受けるのであれば、しぶしぶではなく、かっこよく引き受けたいものです。

できる大人たちの、そんな時のかっこいいセリフを私は何度も見てきました。

私がさだまさしさんの仕事をしていた頃のこと。あるイベントの本番直前に大幅に段取りが変わり、さださんに無理な進行をお願いしたことがありました。

「おい、ふざけるなよ！」「何でそうなったんだ！」と言われてもおかしくないことでしたが、やはりさださんは超できる大人です。経緯も聞かず、責めもせず、

「安心しろ。ステージに上がったらオレがなんとかする」

と、私たちスタッフの肩を叩いてステージに上がっていかれました。しびれました。

そんなさださんが当時、ある音楽イベントのことで、仲間とはいえビッグスターの谷村新司さんや小田和正さんのところへ協力の相談に行ったことがあります。スタッフは私ひとりが同行しました。

青山のカフェでお会いした小田和正さんは、さださんの話を聞き終えると、ひと言、

「わかった。で、どうする?」

六本木のスタジオでお会いした谷村新司さんは、さださんの話を聞き終えてひと言、

「オッケー。何からやろう?」

細かな質問もせずに、すでに一歩踏み出しながら答えてくださいました。しびれました。

こんなビッグな方々同様に、私たちの身の回りには、無理難題をかっこよく引き受ける人たちがたくさんいます。私も意識して使っています。

「面白い! 何から始めよう?」「最高! やらかしてみる?」「きた!」「祭りだね、こりゃ!」「ぼくらチャレンジャーだねえ!」「ハードル高い分、やりがいあります!」

依頼してきた相手は、重たい岩を押して動かそうという気分だったかもしれません。それが指一本ふれたら、もうゴロンと転がり出した!

「あの人に頼んでよかった!」「頼りになる!」そんなふうに思われたら嬉しいですよね。

10
「無理！」↓「どのようにすれば？」
日本一の結果を引き出すひとり言

問題解決のための究極の質問としてほめ達がオススメしているのが、

「これは何のチャンス？」

ピンチがやってきた時に、

「無理！」「困ったなあ…」「どうしよう…」

と立ち止まるのではなく、かといって、

「ピンチはチャンスや！」

と、ただ開き直るではなく、

「これは何のチャンスだろう？」

と自分に質問することによって、前向きな思考で自分の目指す姿を探し、解決策を考え、行動に移せるという素晴らしい言葉です。

人間の脳は質問に答えようとします。「ピンチはチャンス！」では脳が動きませんが、「こ

れは何のチャンス?」と質問することで、困ってフリーズしそうな脳を再起動することができます。私もこの言葉で何度もピンチを乗り越えてきました。

たとえば、

「うわっ！　お客さまとのアポの時間、忘れてた！」

誰にも一度や二度や三度や四度は(それは私?)あることです。そんな時に、〝やっちゃったな…でも、これは何のチャンス…?〟

「大好きなお客さまだし、本当に永くつきあいたいから、誠心誠意、全力でお詫びして、本当の意味でお客さまに自分を認めていただく過程の第一歩になるチャンスかもしれない。本気で反省してお伝えしよう！」

ですとか…。

「えっ、なんでPC固まったの?　えっ、3時間かけて作った資料、消えた!?」。誰にも一度や二度や三度や四度は(それは私?)あることです。

〝痛いなあ…。でも、これは何のチャンス…?〟

「さっきまで時間に追われてちょっとすっきりしなかった文章もあったから、ゼロから書き直して、さらにいい資料にして、上司を唸《うな》らせるチャンス！　そして今夜一人でお疲れさんするビールがめちゃめちゃ美味《うま》くなるチャンス！」

そんな具合です。

そして、さらにその進化版もあります。

「これは何のチャンス？」で動き出した自分に、さらに勢いをつけることができる言葉です。それは、

「どのようにすれば？」

これも脳に対する質問です。「チャンス？ と言っても、無理！」「どうしよう～…」と嘆きや焦りを言っても脳は動きません。

「どのようにすれば…お客さまが本当に許してくれるだろう？」

「どのようにすれば…なるべく短時間で資料を再作成できるだろう？」

と、具体的な答えを求める質問を自分の脳にしてあげると、私たちの脳は生真面目《きまじめ》！期待されたら応えたくなる素晴らしい性格のようです。

〝じゃあないな～、たとえば…〟

なんて具合に答えを考えてくれます。さらにさらに、そんな期待に応えたがりの脳を、もっとその気にさせる言葉があります。

それは…、

「どのようにすれば、○○みたいに□□ができるだろうか？」

○○の部分に「スペシャルな言葉」「スペシャルな修飾語」を交ぜること。

「どのようにすれば『日本一の』謝り方ができるだろうか？」

「どのようにすれば『自分史上最短時間で、歴史に残る感動的な』資料を作ることができるだろうか？」

ばかばかしい問いかけのようでいて、この言葉は自分を手放しで応援してくれます。そして自分のブレーキも外せて、問題解決を楽しめるようになり、自由なアイデアが出せるようになります。

悩んでも一生。笑っても一生。同じように命を燃やすなら、

「どのようにすれば？　今日も最高の日に仕上げることができるのだろうか？」

11 「たいしたことない」↓「なかなかいける！」

自分のボーダーラインを変えてみる

以前、あるプロジェクトに私が属していた時のこと。あるメンバーが作ってきた企画のパワーポイントを見た私やほかのメンバーが「おおお！　いいねえ」「うんうん、いけるいける！」「よくこの短期間で作ったねえ」などと盛り上がっていたことがありました。

そこに、いつもクールで仕事ができるメンバーが入ってきて、「うーん、まああっていうか、はっきり言うとたいしたことないかな」と、細かな改善点、要はダメ出しを始めました。目指すところが高いのですよね。それはよくわかります。ただそれまでのチームの温度がダダ下がりしました。おっしゃることはよくわかるけれど、このレベルまでゼロから作り上げたメンバーの努力やがんばりもまずは認めてあげて、それからさらに上を目指したいもの。

人にはブラックエンジンとホワイトエンジンがあると教えてもらったことがあります。ダメ出しや理不尽さの中で力を出すのが、「なにくそ！」というブラックエンジン。ほめられ認められて力を出すのが、「よし！　もっとがんばろう！」というホワイトエンジン。

かつてはブラックエンジンが優勢でした。私の世代はまさにそれです。ただし、ブラックエンジンは燃費が悪い。排気量の大きなエンジンを積んで、昔のハイオクガソリンのような有鉛ガソリンで、黒い排ガスを撒き散らしながら轟音《ごうおん》をたてるようなエンジンです。「なにくそ！」というガソリンが切れると、途端に動かなくなってしまう。これに比べてホワイトエンジンは燃費もよくてパワーもしっかりあります。今でいう燃料電池車やソーラーカーのようなもの。排ガスもなく、一度動き出せば遠くまで走り続けることができる。

ただし、ブラックエンジンのほうが即効性もあったりするので、ブラックエンジン派はなかなか減りません。ブラックエンジンでもチームがうまく回り、みんな持続可能に幸せであればいいのですが、ガス欠を起こしたり、排気量がついていかずにエンストしてしまったりする人が増えているのが今なのではないでしょうか？

以前、関西学院大学のアメリカンフットボール部を甲子園ボウル5連覇に導いた監督、武田建先生にお話を伺ったことがあります。武田先生はアメリカでコーチング理論を学ぶ前後で、アメリカンフットボール部を叱る指導から、ほめる指導に切り替えられました。先生は「どちらでも優勝するんです」と言われます。

「ただ、一番違うのは、叱る指導の時は、監督がいないと選手は練習をしなくなる。ほめる指導の時は、監督がいなくても選手は練習を楽しんでいます。どちらがいいか、ですね」

まさにエンジンの燃費のようなお話です。

ここで重要なのが、相手のブラックエンジンを始動させるのか、ホワイトエンジンを始動させるのかは、リーダーや親や目上の人が選んでしまっていること。私たちのちょっとした言動の違いが、相手の違うエンジンに火を点《つ》けます。

とはいえ、なかなか昔ながらの指導の方法を変えるのは難しいこと。そこでオススメなのが、自分のボーダーラインを少し変えてみる。

たとえば「たいしたことない」と「なかなかいける！」。この線の引き方が、実は自分自身のあり方です。そのボーダーラインを少しずらして、**今までは「たいしたことないね」「まだまだだね」「ダメだね」と言っていたものの中から、「なかなかいける！」「いいじゃん！」「すごいね！」を拾い出すことから始めます。**ほんの小さな線引きの違いなのに、相手が無限機関のように動きだしたりするものです。

自分のボーダーライン、私もよく確認しています。

12

「なんで!?」↓「スパイシー!」

困難をはねのけるのではなく、味わってしまう

毎日、いろんなことが起こりますよね。

「なんでやねん!」「こんな時に限って!」「え〜! 一所懸命がんばってきたのに!」

時には誠心誠意、相手のことを思ってがんばってきたのに、小さなボタンのかけ違いが、大きな誤解を生んでしまい、あれれっ、なんでこんなことになってしまったんだろう??なんてことも、しばしばあったりします。

人は理不尽で成長する、なんてことも言われます。「なんでやねん!」と理不尽をエネルギーにして立ち向かう。これもブラックエンジン。

ただ、エンジンを回しすぎてオーバーヒートしそうになってしまう。そんな時には、はねのけるのではなく、味わってしまいましょうか。

「うわあ、スパイシー♪」

人生はスイートな出来事ばかりではありません。どちらかと言えば、スパイシー。いつ

も香辛料がたっぷりです。
「辛《から》っ！」「うひゃー、ヒリヒリする」「今日は5辛だね」
なんて具合に、大汗かきながら味わうと、食欲減退の猛暑を乗り切るようなパワーが次第に生まれてくるというもの。

実はこの「スパイシー」は、まだ私が会社員だった頃に私の同僚が私を救ってくれた言葉でもありました。

何がどうなったのか、私が窮地に追い込まれてしまい、知らぬ間に誤解を呼んでしまったことがありました。私の身の潔白を証明することもできましたが、それをすれば、相手の立場がなくなってしまう。それは私としても望むところではなく。まあ、私が何かを言われているだけであれば、私が腹をくくって受け止めておけばいい、と思っていた時のことです。話を聞きつけた同僚が、メールを送ってきてくれました。同僚はその話を聞いて、私に非がないと直感してくれたようです。

「いやあ、松本さんの人生って、スパイスきいてるね！」

噂を聞いてもまったくもって私を信じてくれているふうだったのがまずありがたいこと

でしたが、さらに、少し俯瞰《ふかん》して私のことを見てくれているようで、とても嬉しかったことを覚えています。

「いろいろあるけど、大丈夫！」

そんなふうに、少し広い視野に立って、励ましてくれたように思います。

人生はいつも香辛料がたっぷり。

スイカの甘さを引き出すための、塩のひとふりのようなものならまあいいものの、口から火を噴くホットチリペッパーや、ハラペーニョもあったりします。涙が出るほどの山わさびもあることでしょう（私は以前、お店のスタッフの方が間違えてイカが見えなくなるほど山盛りに山わさびをのせすぎた「イカ山わさび丼」を無理して完食し、半日使い物にならなかったことがありました。ああ、私の人生、スパイシー）。それも人生のいろどり。

話は少し変わりますが、**「私は毒舌なんです」と言い切られた女性に、「そうですかね？どちらかというとスパイシートークだと思いますけど」とお伝えしたら、その女性がとってもチャーミングな笑顔に変わってくださったことがありました。**

スパイスは、毎日の味わいを引き立たせますね。

13

「どうしよう…」→「大丈夫」

根拠のない応援が、根拠のない自信を呼ぶ！

「根拠のない自信」に満ちている状態が、一番自分の能力を発揮しやすい状態だ、と教えてくださったのは脳科学者の茂木健一郎さん。

確かに、根拠のある自信だと、根拠の信憑性《しんぴょうせい》によって自信が左右されてしまいますが、根拠のない自信は根拠に頼らなくていいので強いですよね。

自信とは自分を信じること。

だとすれば、まずは自分自身くらいは、自分のことを信じてあげたいものです。自分を信じることができれば、きっと自分らしくがんばれる。

とはいえ、人間なかなか簡単に自信を持てなかったりします。不安ばかりが先行して、どうしていいのかわからぬ薄暗い袋小路に迷い込んでしまうことも多々あります。

私にも何度かそんな経験がありました。

前職の損害保険会社で、営業職となって2年になる頃でした。

営業成績は上がり、全国でもトップクラスの新規契約獲得をするようになり、新人賞表彰なども受けたばかりの頃に、それまでの疲れも出たのか、ある日を境に自信がなくなってしまったことがありました。

「ここまでくるのも大変だった。本当にこのままやっていけるのだろうか？」

その頃、私を担当してくれていた課長も、

「松本さん、元気ないですね。無理せずにちょっとスローダウンしてください」

そんなふうに言ってくださるほど、目に見えて元気をなくしていたのだと思います。そんな時に、私の根拠のない自信に小さな灯火《ともしび》をくれた方がいました。

なんと、上野の立ち飲み屋さんで隣り合わせた、70歳くらいの男性客でした。

「よく来られるんですか？」から始まった何気ない会話。賑やかな店内でお互いに瓶ビールをコップで口に運びながら話します。

「お仕事はどうですか？」なんて聞かれて、

「そうですね、最近はちょっと疲れてますかねぇ」などと照れ笑いしながら言ったところ、その男性客は私にこう言ってくださいました。

「大丈夫、大丈夫、あなたみたいな人は大丈夫ですから」

出会って5分も経っていない人から言われる「大丈夫」。こちらはまさに、根拠のない応援です。思わず「本当ですか？」と笑って聞き返してしまいました。

ただ、不思議なものです。誰かに「大丈夫」と言われると、「大丈夫かもしれない」と思えてきます。さっきまで「どうしよう」と心の奥でモヤモヤとしていたものが、すっと薄くなりはじめ、「ひょっとしたら大丈夫？」と思えてきます。

根拠のない応援は、根拠のない自信を生み出すものですね。その小さな自信が、自分に半歩踏み出す勇気をくれて、その半歩が、次の一歩につながっていくものです。

私もそうでした。あの日の男性に感謝しています。

根拠のない応援は、自分に対してしてあげてもいいと思います。

「どうしよう」という自分に、「大丈夫」と言ってあげる。誰が言おうと根拠はありませんので、ならば自分で言ってあげてもいいはずですよね。

もちろん、**周りの人に、仲間や子どもたちに、飲み屋の隣りの席の人に、たくさんの「大丈夫」を！**

14 「苦手…」→「好きすぎる～！」

たまには自己暗示で乗り切る！

私の前職は損害保険の会社でした。外資では最大手の損害保険会社。最後の3年間は経営企画部という部門で、CEOや役員の下《もと》で会社全体の仕事をしておりました。

などと書くととてもかっこいいのですが、なにせ私のさらに前職は足立区の北千住、下町のガソリンスタンドのおやじ、でした。45歳でガソリンスタンドから転職して、よくもまあ、そんな仕事や役職に就けたものだと、振り返れば思います。これも、言葉の言いかえで自分を元気にしたり、ひと言加えて場の空気を変えたり、人ばかりではなく、仕事や出来事の価値も発見する「ほめる」というものの見方があったからだと言えるでしょう。

とはいえ、なにせ、10年以上スーツも着たことがない、ネクタイもしめていない、大きな企業に勤めたこともない私には、たくさんのハードルがありました。

「ん？　なに？　機密保持契約？　そんなの必要なの？」

「ボードルーム（役員会議室）集合？　ゲームやるの？」

「ギャップ（プロジェクトの課題）リスト？　服買うの？」

そんな感じでした。とはいえ、目の前に現れるハードルは一つひとつ越えればいいわけですから、どうにかやってはいましたが、たまに相当不得意なものが畳みかけるようにやってくる場合もあります。とりわけ、企業間の大きな契約ですとか、法律がからむようなことか、あちらこちらの部門に相談しながら作り上げなければならないことなどは、

「5年前までガソリンスタンドのおやじだったやつにさせるか？」

と、笑いたいけど、笑えないような状態。

そんな時に、同じチームにいた若い男性社員の佐藤さんにずいぶん救われました。佐藤さんはとても明るく優秀な社員で、ＴＯＥＩＣも９００点越えの方でしたが、少しファンキー。私と同じように、事務処理は大の苦手。その佐藤さんが苦手な難問にぶつかった時の対応に、さすが優秀な社員はこうするのだなと気づかされました。

不得意で苦手なことであるほど、

「うわー、出た！　これ、大好きなやつだ!!」

「うわー、好きすぎる！　困った!!」

と、大声でひとり言を言いながら仕事をしています。笑えるぐらいに悶絶《もんぜつ》しながら、「好きすぎる～！」と騒いでいます。

「松本さん、自己暗示ですよ！　暗示かけないと、やってられないっス！」

もちろん、その自己暗示で本当にその仕事が好きになったかといえば、どう考えてもそうではなさそうです。同じタイプの仕事にぶつかるたびに、

「うわ～、また出た！　大好きなやつだあ！」

と、私と一緒に仕事をした3年間ずっと騒いでいましたので。けれども、「好きすぎる～！」が佐藤さんのエネルギーを生み出していたのは間違いないようです。

そればかりか、佐藤さんはその大きな悶絶ひとり言で、周りまで元気にすると同時に、「なんか手伝おうか？　佐藤さん？」というふうに、周りの協力や一体感まで引き出してくれていました。

明るい自己暗示、プラスの悶絶ひとり言、けっこう効果があります。私もそれ以来、「好きすぎる～！」を連発しております。

15
「トラブル」↓「人生の見せ場！」
映画のヒーローになりきれば解決できる！

ずいぶん前のことになりますが、私が30歳すぎの頃、仕事で大きなトラブルがありました。「この問題は解決するのだろうか？」というほどの大きなトラブルです。およそ自分の力だけでは解決できない、でも避けることもできない問題。さらに日がたつにつれて状況が悪くなっていくということがありました。

その時、おそらく私は、どんよりとした顔をしていたのだと思います。

当時の私の上司は、言葉遣いは多少乱暴でしたが、とても豪快で、頭もよく、人情味もあつい素敵な方でした。その時も、その上司はいろいろ具体的なアドバイスを私にしてくれました。それでもいまひとつ覇気のない私に、上司はこんな話をしてくれました。

「お前さ、お前は何のために苦労してるんだ？」

「…何のためにって…この問題を解決するためにです…」

「お前ね、そりゃそうだけど、解決してどうなりたいんだよ？」

「…まあ…楽になりたいですねえ…」

「お前さ、その通りだけど、今は楽になりたいのが一番だろうけど、お前の人生は何のためにあるんだ？」

「…。…。…はっ？」

「お前の人生、ハッピーエンドにしたいんじゃないの？　幸せにしたいんじゃないの？」

「…そりゃ…もちろん…。そうですけど…」

「お前、だから苦労してるんじゃないの？」

「…まあ…」

「お前の人生、ハッピーエンドの映画だとしたら、今のお前の苦労はどんな場面だ？」

「…どんな？…」

「お前の人生、ハッピーエンドの映画だとしたら、今は？」

「今は？　…なんですか？…」

「見せ場だよ！」

「…見せ場…」

「そう、見せ場だと思って、カッコよく演じきれ！」

見せ場、かあ…見せ場すぎるなあ…と、にわかには私は人生という映画のヒーローにはなりきれませんでしたが、それでも、目の前のことを解決することがすべてではなくて、解決した先にまだまだ自分の人生が続いているのだなというふうに、視野を広げることはできました。

その後、その問題はまだまだ続きましたが、その上司の支えもあり、その時代を乗り越えることができました。

振り返ると、確かに見せ場だったかもしれません。決してカッコいいシーンではなかったとしても、三枚目役だったりしても。

「お前の見せ場」と言ってくれた上司の言葉には、「お前ならできる」という応援があったのだと思います。

人生は見せ場だらけですね。ハッピーエンド目指して演じきりましょう。

第2章

「言いかえ」の技術が人を動かす

「信頼される人」の伝え方とは

16

「ステキです」→「元気もらえます」

その人が与える良い影響に踏み込む

ほめる時は、相手ではなく主体を自分におくと伝わりやすくなります。「あなたのおかげで嬉しいよ！」という気持ちを伝える。これこそがほめることの大切なこと。

そんなお話をした時に、ある研修での受講者の方がこう言ってくれました。「それでわかりました！　松本さんにさっきほめられて妙に嬉しかったのは、そこに踏み込んでくれるからですね。事実だけでなく、影響にまで踏み込んでくれる」

その方はとても笑顔がステキな方でした。その方が言うには、「さっき名刺交換させてもらった時に、ステキな笑顔ですね、元気もらえます、と松本さんに言われた。私は〝笑顔がイイ〟とはたまに言ってもらうんですが〝元気もらえます〟までは言われたことありませんでした。私の笑顔が良い影響を相手に与えてるんだってことが、すごく嬉しかったのだと思います」

素晴らしい分析だと思いました。

まさにほめるのは主体が自分。あなたの笑顔で、私が元気になれる、嬉しく思える、ほっとする、落ち着く。そんな影響が私にあると伝えること、それが相手を嬉しくさせるのですね。

「笑顔がステキ」だけでももちろん嬉しいものですが、「笑顔がステキ」だけだと、私の笑顔はそんなにステキだろうか？　いやいや、それほどでも！　他にもっと笑顔のステキな人もいる、などと思えてしまいます。

ところが、「元気もらえる」とまで言ってもらえると、他にもっと笑顔のステキな人がいようといまいと、私の笑顔が相手を元気にしている、いい影響を与えている、相手に貢献している、という嬉しさになります。

「いいアイデアだね！　ワクワクする！」

「おしゃれなインテリア！　テンション上がる！」

「いい話ですね。感動します！」

影響、効果、つまりは自分への貢献に言いかえると、ほめ言葉がまたまたグレードアップされてしまいます。

17 「みんなよりすばらしい」↓「またひとつ課題をクリアしたね」

ヨコでなくてタテでほめる

ほめ達研修や講演の際に、ほめ方のワンポイントヒントをいくつかご紹介しています。その中でも受講者の皆さんが「なるほど！」と言ってくださるものの一つが、「ヨコでなくて、タテでほめる」

もちろん、ほめる時の身体の角度とかを言うわけではありません。

「ヨコでほめる」とは、人と比べてほめること。成績の棒グラフの高さを他人の高さとヨコで比べるようなものです。評価することに近い意味ですね。

「あなたは、この点で他の人よりすばらしい！」というほめ方です。ただ、このほめ方では、何度もほめられなかったり、なかなかほめられない人も出てきます。

「ほめると調子に乗るんでは？」と言われる方が持つ、ほめるに対するイメージもこのほめ方です。あなたはすぐれている、というほめ方に聞こえるので、まだ成長途中の若い人などに言うと調子に乗るのでは？ と心配になるのでしょう。ま、実際は調子に乗せてあげたほうが人間、張り切って成果につながるものですが。それはさておき。

ではでは、**「タテでほめる」**とは？

それは**その人の成長した分をほめてあげることです**。もしくは変化したことや、工夫したことでほめる。棒グラフで言えば、その人の高さがタテに伸びた分をほめてあげます。**「またこれだけできるようになったね！」「おおお、またひとつ課題をクリアしたね」「今回もがんばったじゃない！」**

このほめ方であれば、同じ人を何度でもほめてあげることができます。そして誰でもほめてあげることができます。ほんのちょっとの成長や変化でもほめてあげることができます。まさに応援するほめ方。

このほめ方は、ほめられた本人には「プラスのフィードバック」として伝わります。人は誰でも「成長欲求」を持っています。ただ自分の成長は、自分ではなかなか実感できないもの。タテでほめるプラスのフィードバックは、ほめられた本人に「成長の実感」を生み出します。まさにそれは、今の時代に一番求められている、その人の「心の報酬」となって伝わっていくのです。

18

「仕事できるね！」↓「欠かせない人！」

人と比べず、存在価値を認める

私が以前勤めていた会社には、とても素敵なスタッフがたくさんいました。それぞれ役職や役割は違っても、それぞれの仕事でそれぞれに工夫しながら、お客さまやチームや会社のためにがんばっています。

がんばっている人には、目指している自分の姿があります。がんばっている人ほど、その目指す姿は高かったりします。ですから、ほめても額面通り受け取ってもらえない場合もあります。

ある営業マネージャーの仕事ぶりを見て、私が素直に「さっすが、仕事できるねぇ！」とほめたことがありました。するとそのマネージャーは「いやいや、松本さん、よく言いますよ。ボクなんかぜんぜんですよ」と少し斜め下を向いて言われました。

きっと目指している自分と今の自分にギャップを感じられているのかもしれません。また、日本人はほめられるのが不得意な方もいることは事実です。自分ではまだまだだと思っているのに、自分で思う自分のレベル感より高いレベルに引き上げられると、居心地の悪さを感じてしまいます。

そんな時には、やはり「仕事できるね!」というような**「人と比べたほめ方」ではなく、その人自体の素晴らしさ、その人の存在自体の素晴らしさを伝えるのが効果的。**まさに、ナンバーワンより、オンリーワンのほめ方です。

その時も私はそのマネージャーにこう言いました。

「いやいや、この支店に欠かせない人ですってば!」

するとそのマネージャー、顔を上げて私を見ながら、ちょっぴり笑顔になってくれました。

この本の前作『できる大人は「ひと言」加える』を書いた時に、「松本さん、できる大人って、どんな人を言うのですか?」と聞かれたことがあります。また「できる大人って、なんかスカした感じ!」なんてご意見もありました。よくわかる感覚です。

私が思う「できる大人」とは、単に仕事ができるスキルがある、ではなく、「居てほしい存在」「なくてはならない存在」「欠かせない存在」です。相手も自分も、「居てほしい」「欠かせない」存在でいたいですね。

19 「ドンマイ！」→「ナイストライ！」

減点法より加点法で見る

アメリカで暮らしたことがある方たちが、日本とアメリカのほめる文化の違いについて話される時によく例に出されるのが、

「アメリカはナイストライ！（Nice Try!）の発想なんです。〝いいチャレンジだ！〟と挑戦したことをほめられる。だから何かうまくいかなかった時にもほめられる」

特に、**子育てやスポーツなどではナイストライ！ の発想を大切にするといいます。相手の挑戦やがんばりを讃えてあげる。プラスにフォーカスする。まさに加点法の発想です。**

それに比べて日本はというと、

「日本では同じシーンでドンマイ！（Don't Mind!）ですよね。〝気にするな！〟と言う。それって、失敗した！ と決めてしまっている感じがする」

もちろん、これも応援する言葉ではあるものの、「気になるだろうけど気にするな」という言葉ですから、やはりマイナスにフォーカスしている。減点法の発想ですよね。

稲作の共同体文化の日本では誰もが足並み揃えて協力することを重視してきました。もちろん、その素晴らしさがある半面、できないこと、足りないことを減点法で見てしまうダメ出しの文化、さらには恥の文化も強くなってしまいました。それが悪いほうに働くと、「失敗して恥ずかしい思いをするなら、そもそもやらないほうがいい」

そんなふうに、消極的な姿勢も生み出してしまいます。

日本人がほめられ下手なのも、「人並みがいい」「ほめられるほど、みんなより突出して目立つのが恥ずかしい」という感覚があることや、そもそも自己肯定感が低いところへ、ほめられて上に引き上げられるのは居心地が悪いということもあるのです。

挑戦を素直にほめられて、また自分もほめ言葉を受け入れられるようになりたいですね。

少し視点の違う話ですが、欧米のほめる文化は、多民族国家だからだとも聞きました。「私はあなたの敵ではない！」と証明するためにも、あいさつの時からほめる。

ニューヨークで働く私の仲間が、「Nice Tie!（いいネクタイだね！）」なんてほめ方はその部類だと言っておりました。とりあえずほめて、関係を作る。なので、「Nice Tie!　は、話半分で聞くとしても、Nice Try!　は、いい文化だと思うよ」やはり見た目より中身。さすがニューヨーカー。韻《いん》を踏みながら解説してくれました。

20 「あなたは、○○だね」→「これ、○○だね！」

人ではなく関わったものをほめる高等テク

ほめ達検定や研修を受けてくださった方は、後日になってみなさん嬉しいご報告をしてくださいます。

「会議で変わったアイデアを出した社員をほめたら、次々と斬新なアイデアが出てきた！」

「あまり話が弾まなかったママ友が、めちゃめちゃ楽しくおしゃべりしてくれた！」

「研修のあと、家に帰って子どもをほめたら、子どももも笑顔になったけれど、自分が何より笑顔になれた！」

ほめるのはちょっぴりの勇気でびっくりの展開。実践すると、その素晴らしさを体感してもらえます。

一方で、「やっぱりこの人だけはほめづらいんです！」とか、「この人だけは、ほめても何言ってるの？　とか言われて！」という声もよく聞きます。たいていの場合、その人とは、「やっぱり奥さんをほめるのは大変！」「やっぱり旦那はほめづらい！」

一番の手強い相手は、やはり一番身近なパートナーのようです。

職場ではほめられる。知り合いもほめられる。子どもも率先してほめようと思う。だけど奥さんは…。だけど旦那さんは…。「なんだか、わざとらしくとられたりして…」と心配になってしまったりする。よくお聞きする話です。

身近な人ほど、今まで口にしなかったような言葉を言うのは大変なのかもしれません。

そんな悩みに、ほめ達認定講師の藤永欣也さんが、いいヒントをくれました。

「本人を直接ほめなくてもいいんですよ」

いい予感がするセリフです。

「たとえば、こないだ私のうちで、バスタオルが新しくなっていまして。そのバスタオルがとてもふかふかだったんですね。その時に、奥さんに言ったんです。うわあ、このバスタオル、ふかふかだねえ！　って」

バスタオルにしっかりと気づいてあげられることが、まず素晴らしいですね。ほめるは観察力からスタートです。「ほめるとは価値を発見して伝えること」。まずは発見する観察力が大切、そして、発見するだけではなく、それを伝えてあげることが重要です。

「そしたら奥さんが、『でしょ！　でしょ！　そうでしょ！』って反応してくれるんです」

藤永さんの奥さんにはやはり、そのバスタオルを選んだ「思い」があったのですね。

「さらに奥さんが、『しかもね！　半額だったのよ！』と言うんです」

奥さんとしてはいい買い物だったのですね。そして旦那さんがそれに気づいてあげたら、いい買い物がさらに嬉しい買い物になる。そもそも家族のために買ったバスタオルでしょうから、家族が喜んでくれたら、甲斐《かい》があるというものですね。奥さんご自身がほめられたように、嬉しい気持ちになるのではないでしょうか。

「あなたは、○○だね」

と、本人を直接ほめなくても、その人に関わるものをほめるのもいい。

「これ、○○だね！」

と主語を変えてしまって、ほめるところを探しだすことで、わざとらしいほめ言葉にも聞こえなくなります。

おかげで藤永さんのご家庭は夫婦円満。「私が毎晩飲む『いいちこ』が切れそうになると、最近はそれとなく買っておいてくれるんです」と言われていました。

この「最近は」に、喜びが伝わってきますよね。

21 「好きになれない」↓「キライじゃない」
ここから関係を始めよう

「でもね、ほめるったって、なかなかほめられない部下とか同僚とかいますよ、松本さん」ちょっと前、むかしの仲間がお酒の席で言いました。

彼は今、大きな会社で責任ある立場です。彼の置かれている状況を考えると、そう発言したくなるのもわからないでもありません。〝なかなかほめられない相手〟の存在がいることも、とてもよくわかります。

「松本さん、そういう人でもほめるんですか？」と訊《き》かれて、

「もちろん、無理してほめましょう、ということではなくて。何でもいいから良いところを見つけられたらでいいと思うんだけど。減点法でなくて、加点法で見てあげたり、相手の努力を見てあげたりすることから始めてみては？」

「う〜ん、なるほど…、でも、できるかなあ、考え方とか、リアクションとか、合わないですよねえ、けっこう何から何まで、なんでそうなの？　ということが多くてねえ。時に

は痼《かん》に障るというか…」

「そうそう好きになれない？」

「なるほど。ただ、その人のこと、嫌い？」

「いやいや、さすがに嫌いじゃないよ、部下とかだし」

「じゃあ、キライじゃない、から始めるのもいいかも（笑）」

「キライじゃない？　キライじゃないかあ、まあ、キライじゃないなあ、いいかもしれないですねえ、キライじゃない。なんかガスも抜ける感じ（笑）」

「さすが！」


どうしても自分と合わないタイプ、考え方や行動が読めないタイプ、想定外のリアクションをしてくるタイプ、自分にとってのそんな方もたくさんいたりします。

モヤモヤした気持ちの中で、相手を「ほめよう」「認めよう」「好きになろう」としても、どこかで心のブレーキがかかってしまうかもしれません。

それでも、同じ職場で働く仲間だったり、同じ地域でがんばる人だったり、一つ屋根の下で暮らす家族ならば、「好き」とはなかなか言えないとしても、「キライじゃない」なら、今すぐに言えそうです。

ほんとは、

「あなたのことキライ!」

なんて言いたい時もあったりするわけですが、そう言ってしまうと元も子もない。

それに、そこまで言いたくもないし、そこまで否定するほど自分が確かだとも思えない。

そんな時に、

「キライじゃない」

なら、〝多少キライかな? でもそこまでキライじゃないな〟という具合に、自分にたまった負の感情のガスを抜きつつ、相手との関係のスタートラインにつけたります。

バブルの頃に、安全地帯の『I Love You からはじめよう』という曲が私は大好きで、カラオケスナックで熱唱した記憶がありますが。

「I Love Youから」始められない時には、

「キライじゃない、から始めよう」♪

22

「あなたはすばらしい」↓「私の誇り」

人のことで喜べる私は、ちょっとステキな私

2018年の秋にロンドンでほめ達講演をしました。1893年にできたチャータード・アカウンタンツ・ホールという由緒ある重厚な建物で、ロンドンで活躍される日本人経営者や駐在の方、またイギリス人のビジネスマンなど100人にほめ達をお伝えしました。嬉しいほどの大反響で、参加された皆さんからは「ぜひ、ロンドンでも活用していきたい！」というたくさんのご感想をもらいました。

ご参加いただいたある経営者の女性から、講演後に素敵な言葉を教えてもらいました。それは英国で定番のほめ言葉。

I'm proud of you !

直訳すれば、「私はあなたを誇らしく思う」。つまり、主体が自分にあります。

教えてくださったその女性は、もうすでにほめ達な方。率先して人をほめる中で、古い日本のほめ方と、英国のほめ方では、そこに違いがあるのではないかと気づかれたようです。

日本では、「あなたはすばらしい」というほめ方をすることが多い。主体が相手にある。そのほめ方をしようとするから、妙な自尊心で簡単にほめられなかったり、相手が図に乗るのでは？　などと思えてしまうのではないか。

「私はあなたを誇らしく思う」は主体が自分にある。すばらしいと思っているのは私。喜んでいるのは私。相手を誰かと比べているわけではない。

そもそも、人のことで喜べる私は、ちょっと素敵な私。だからすんなりほめられる。ほめるの基本がその発想にあると思います。

ただし、英語に慣れていない方や、このほめ方に慣れていない日本人は、上から目線のように思ってしまうこともあるそうです。「私はあなたを誇らしく思う」って、上から？みたいな感覚になる。

実はそうではなくて、この英語の持つ意味は、

I'm happy for you !

とさほど変わりがないと教えてもらいました。あなたのおかげで、私は嬉しい！　幸せ！　という意味ですね。

自分の何かが、誰かを嬉しくさせている。誰かの幸せになっている。誰かの誇りになっている。これ以上のほめ言葉はないように思えます。

I'm proud of you！
I'm happy　for　you！

どんなほめ方をする時にも、この気持ちを心の中に持っておく。主体を自分におくことができさえすれば、ほめる側も、ほめられる側も、とても嬉しい気持ちになれるのではないでしょうか？

ほめるということを掘り下げていくと、結局のところ、幸せな気持ちを相手と交換することなのだと思います。

23 「すごい」「さすが」「すばらしい」→「あなたらしい」

相手の昔も今もすばらしいという意味になる

ほめ達では、「ほめ達3S《スリーエス》」というのをオススメしています。

ほめる達人になりたくてもなかなか簡単にほめ言葉が出ないとか、こういう時はどうほめたらいいのだろうと考えてしまうことってありますよね。そんな時には、ぜひ第一歩として「ほめ達3S」を口癖のようにつぶやいてください。「ほめ達3S」とは、Sで始まる3つの言葉「すごい・さすが・すばらしい」です。

口癖ですので、大げさに言う必要はありません。小声で十分です。ほめ言葉も悪口も小声で十分に相手に聞こえるものです。Sを増やして、「ステキ!」「サイコー」など、4Sとか、5Sにしてもらってもオッケーです。

まずは口癖にすることが大切です。ほめるとは価値を発見すること。「ほめ達3S」を毎日の口癖にしようとがんばっていると、自分の周りの価値をどんどん発見できる目が養われます。すると、ある日気づけば、ほめる達人になっています。

ただ、ほめる達人なので、「ほめ達3S」ばかりでなくて、もっとスペシャルなほめ言葉を言いたい！　と思うかもしれません。そんな時にオススメしたいのが、

「あなたらしい」

「あなたらしい」というほめ言葉には、「すごい・さすが・すばらしい」や「ステキ・サイコー」の意味が含まれているだけでなく、「あなたは以前からそうだった」「もともとあなたのすばらしさを知っているけれども、やはり今回もあなたはすばらしい」「きっとこれからもあなたはステキ」というメッセージが入っています。

「あなたらしい」と言われると、なんだか自分のすべてを認めてもらったり、ほめてもらっているような気持ちになれますよね。

英語でもとてもいい表現があります。

「That's just like you!」

「それ、あなたらしい！」「さすが君だ！」

昔も今も、そしてきっとこれからも、「あなたはすばらしい！」と言い切る。「あなたらしい！」「あなたらしいね！」ぜひ使ってみてください。

24

「何してるの！」↓「どうしたの？」

子育て・夫婦円満に効果絶大な質問

子育ては永遠の課題。なぜなら誰もが初めて親になるわけですので。

子どもを愛する気持ちは誰でも一緒、大切にしたいという気持ちも一緒、けれども、思い描いた子育てとはなかなか違う毎日になってしまう。

「どうしても毎日子どもを怒ってしまう。そんな自分が嫌になるんです」

子育て世代への講演会をさせてもらうと、必ずママたちから聞く言葉です。とてもよくわかります。私も息子二人が小さかった頃には、ささいなことでイライラしてしまったことを思い出します。

専業主婦で現役子育て中にほめ達の認定講師になられた中田徳子さん。「ほめ達ママ」として講演活動をされています。中田さんが講演で言われた言葉が心に刺さりました。

「子どもを産めば、ママになれると思っていました。でも、そうじゃありませんでした」

ママになる、親になるのは、実は子どもが生まれてから上る階段です。子どもが生まれさえすれば良い親になれるわけではない。私自身を振り返ってもそう思います。

思うようにいかない子育てに、ついつい子どもを叱りつけてしまう。子どもが何かしでかしたことも、よくよく考えてみれば、子どもは何も知らずにしていることであり、もしくは何かの理由でしていることなのに、

「何してるの！」「ダメでしょ！」

と、怒ってしまう。子どもは悲しい顔をする。

虐待のニュースに私たち親が胸を痛めるのは、その痛ましさはもちろんですが、虐待とまではいかなくても自分の子どもをそんな悲しい顔にさせてしまったつらい記憶のせいもあるかもしれません。

過ぎた時間は巻き戻せませんが、せめて今日からでも、親としての階段を一段でも上りたいと思います。最上階へまではたどり着けなくても、一段でも上に。

ほめ達ママの中田さんは、まずは言葉を変えたと言います。

それまでは、子どもが何かおかしなことをした時に、

「何してるの！」

と反射的に言っていたのを、こう言いかえることに決められました。

「どうしたの？」

子どもが何かする時には、必ずそこに理由があると中田さんは言います。

たとえば兄弟げんかをしている時に、「どうしたの？」と聞けば、「お兄ちゃんがこうした！」「だって、こんなことするんだもん」と、それぞれに言い分がある。優しくしなさい、我慢しなさい、と杓子定規《しゃくしじょうぎ》に言うのではなく、**それぞれの言い分を聞いてあげれば、ふたりの気持ちもほどけていく**と。

あるいは**子どもがいたずらする時に「どうしたの？」と聞いたら、「だって、ママがスマホばかり見てるんだもん」と、その理由が自分にあったりすることにも気づく**と。

懸命に成長しようとする子どもたち。しっかり寄り添って応援してあげたいですね。

この「どうしたの？」は、大人同士でも効果絶大です。夫婦や大切な人との間では特に使いたい言葉です。

「何やってんだよ！」「おかしくない？」身近な相手には子育て同様、自分の尺度でものを言ってしまいがちです。そんな時にも「どうしたの？」と、ひと言相手に寄り添うことで、実は相手が悩みやストレスを抱えていたと気づきます。そしてそれを吐き出してもらうことで、驚くほどに相手との関係が良くなっていくものです。

25 「静かにしなさい！」→「小さい声でね」

混雑した電車をなごませたお母さんの言いかえ

ちょっと前の夕方のことです。

私は押上駅から東武スカイツリーラインに乗りました。曳舟駅で、ベビーカーに赤ちゃんを乗せ、さらには小さな女の子を二人連れた若いお母さんが乗ってきました。ラッシュというほどではなかったのですが、そこそこ混んでいる車内。最近ベビーカーの扱いがよく問題になりますが、そのお母さんはとても素敵な方でした。

電車のドアが開いた瞬間に、はっきりとした明るい声、そして笑顔で、

「失礼しま〜す」

と乗っていらっしゃいました。

不思議なものです。声の明るさ、笑顔、そしてその気配りで、見ず知らず同士なのに、車内に一瞬にして連体感のようなものができてしまいます。自然と、ドアの前に空間がポッカリとできました。誰もが互いにゆずりあい、認めあう、とても素敵な雰囲気でした。

乗ってきたお母さんは今時のオシャレな感じでいつつ、どこか、私が育った下町のお母さんのような香りのする方。はつらつと子育てをされているという感じです。

さて、二人の女の子、ベビーカーの両側に立ちながら、赤ちゃんにちょっかい出して楽しんでいました。当然だんだん盛り上がってまいります。やがてお決まりのように、二人が騒ぎ始めます。

「ワタシがするの〜!」
「ちがう、ワタシ!」

次第に大声。こんな時に、よくある次の展開としては、

「静かにしなさい!」
「声が大きいでしょ!」
「うるさいでしょ!」

となりますが、さすが、このお母さん、ちょっとシビれる言葉を言われました。

二人の女の子に顔を近づけて、ゆっくりとした穏やかな声で、

「小さい声でね」

しかも笑顔で。

子どもたちを否定しない。子どもがどんな場所でも楽しみたがるのは当たり前。ただ、ここは電車の中だから、大きな声じゃなくて、小さな声で。

さすが素敵なお母さんの素敵な子どもたちです。途端に声のボリュームをぐっと下げます。それでも楽しく会話を続けていました。

周りにいた大人たちも、なんとなくこの親子をほほえましく見ている様子。

子育て中のお母さんは、本当に大変だと思います。

しかも三人のお子さんと出かける、電車に乗る、それだけでも大変。

それでもこのお母さんのように、子どもを認め、周囲の人たちも認め、自分も認め、笑顔で過ごせたら、素敵ですね。

北千住駅でその親子は降りていきました。

ベビーカーを囲んで歩くその親子の後ろ姿は、混雑したホームでも何やら温かく、そして輝いて見えていました。

26 「違うだろう!」↓「そうくるか!」

叱りながら相手も自分も大切にできる

「今どきの若い人は打たれ弱い」なんてことを言います。確かに昭和や平成の初め頃までの世代に比べると、心の耐性が強くはないかもしれません。昔は子どもの頃から頭ごなしに怒られたり、それこそ体罰があったり、我慢を強いられることもたくさんありましたから、心の耐性が今より強かったとは言えるでしょう。でも、「今の若い世代は打たれ弱い」などと私たち上の世代が嘆いたり批判したりしていても仕方がありません。若い世代を育ててきたのも、育てていくのも、私たち上の世代の大切な役割です。

以前、私の部下で、二人の「打たれ弱い」部下がいました。一人は「一所懸命やるけれど指示した通りにできずに、私に注意されて思いっきりへこむ女性社員」。もう一人は「ものすごく天然で、指示したことを勘違いして、とんでもない方向に走り、突如へこむ女性社員」。その頃はまだ私もほめ達になりきっておらず、相手が女性社員ということもあり、注意した後にこちらがうろたえることが何度かありました。また、「上司の当たり前」は「部下の当たり前」ではありません。「当たり前だろ」「普通、そうだろ」的に上司が何気なく言ったひと言が、それが「当たり前」でも「普通」でもない部下たちの心には、上から降ってきた鉄の矢のごとく心に突き刺さってしまいます。

そこで私はまず、上下の位置関係を少しずらして、斜め上から横くらいの位置関係で話をするようにしました。そして、「違うだろう！」というような、部下が指示と違うことをした時も、いったんそれを受け止めてみることにしました。

「わ！　そっち行った？」「おお、そこからきたね？（笑）」

この位置関係と言葉選び、なかなか効果絶大でした。相手の方向性の違いは指摘しつつも、相手を大切にしている。相手としても自分のしたことが望まれることではなかったと知りながら、自分が否定されているわけでないと思える。

ほめ達では、これを「そうくるか！」としてまとめています。

「違うだろう！」でなく、「そうくるか！」「そうきたか！」「そっちか！」と言うことで、ただ一方的に叱りつけるのではなく、相手の行動や考えや気持ちも大切にすることができます。また、注意をする側も、怒りの感情のガスを抜きつつ、冷静な注意や指示のしなおしができます。「そうくるか！」で、相手も自分も大切に。

27 「うまくいったね」↓「魔法使ったでしょ？」

結果をほめる最上級のほめことば

私が会社員をしていた頃に、社内のイベントやプロジェクトなどがうまくいった時に使っていた最上級のほめ言葉があります。

担当してくれたメンバーに向かって、

「すごく盛り上がって大成功でしたね！　また、魔法使ったでしょ？」

魔法を使ったようにしか思えないほど素晴らしい結果でしたね、という気持ちをこめてお伝えしています。

当然、担当してくれたメンバーは、魔法どころか、とても緻密な企画や、地道な作業をしてくれています。もちろん、それを軽く見るということではありません。

その緻密な企画や、地道な作業を感じさせない、まるで魔法のような素晴らしいことが目の前に突然現れたという気持ち。これには間違いありません。

イベントごとはたいていゼロから企画して、アイデアを出し合い、準備を進めていきます。それが最終的には、たくさんの人を動かし、活気を生み出し、成果を上げていきます。

会議室で腕組みをして、ゼロスタートでアイデアをひねり出していた日を思えば、大勢の社員が笑顔になって結果を出したイベントやプロジェクトのラストは、まさに魔法と言えるのではないでしょうか？

「魔法使った」社員の皆さんには、次からは「魔法」が応援の言葉としても使えます。

新たなイベントやプロジェクトの立ち上がりの時に、やはり最初はいいアイデアが出ずに、**メンバーが悩んでしまっていることがあります。**

そんな時にはメンバーを励ます意味で、

「また、魔法使っちゃうんでしょ？」なんて言ったりします。

もちろん「松本さーん、またプレッシャーかけないでくださいよぉ！」なんて言いながらも、「そうだ、魔法のような結果がまた待っているかもしれない」。そんな顔になって元気になってくれていました。

そしてまた、魔法のような嬉しい結果が何度も巻き起こっていきました。

28 「ありがとう」→「ありがとう! 嬉しいなあ」

「エクストラ」な関係が生まれるコツ

私の父は八十代も後半、ちょっとした患いから要介護になりました。気持ちはまだまだ元気でいてくれて、デイサービスに通いながら少しずつリハビリに励んでいます。

父のケアマネージャーを担当してくださっている方と、お会いしたり電話をしたりする機会があります。その方は電話の最後には必ず、「わざわざお電話いただいてありがとうございます」とおっしゃいます。電話はたいていこちらからの面倒なお願いごとだったりするので、ありがたいのは私です。なのに、「お電話いただいてありがとうございます」と言われると、こちらの思いや悩みや行為や存在をすべて認めてくれているようで、いつもとても穏やかな気持ちで電話を切ることができます。利用者に心から寄り添ってくださるケアマネージャーさんなのだと思います。

「ありがとう」はやはり最上級のほめ言葉ですね。相手のすべてを認めて受け入れるような言葉。存在自体をほめるようなほめ言葉です。言われた相手に幸福感を与えます。

また、「ありがとう」は人に幸福感を与えると同時に、自分の心にも幸福感を残します。相手を受け入れることができる自分。相手に感謝できる自分。これ以上素敵な自分はいないですものね。

もちろん、心のこもった「ありがとう」だから伝わります。そのケアマネージャーさんもとても心を感じる「ありがとう」を言ってくださいます。私も心のこもった「ありがとう」を増やすように努めています。

そんなことを心がけていたある時、仕事仲間からこんなことを言われたことがあります。

「松本さんはいつもありがとうと言ってくれるんですけど、さらにそれがエクストラ（特別）な感じで聞こえる時があるんですよ！」

「エクストラ？　えええっ、嬉しいなあ。どんな時ですか？」

「それですよ！　『**ありがとうございます、嬉しいなあ**』と言ってくれるんですよ。それって、めっちゃエクストラで、なんだかすごくこちらも嬉しくなります！」

人はやはり、「嬉しい」気持ちのやりとりから、元気もモチベーションも関係性も幸福感も手に入れられるのですね。「嬉しい」気持ちのトッピングで、エクストラありがとう、エクストラな幸福感、エクストラな関係を作りたいですね。

29 「（演奏が）上手だね」↓「心がある」

心をのせた言葉が心にしみる

誰にでもきっと、ずっと心に残っているほめ言葉がありますよね。

私にもいくつかあります。普段はまったく忘れているのですが、何かの時にふっと蘇《よみがえ》ってくるような。

中学生の頃、私もご多聞にもれず思春期だったのか、私の場合はいわゆる「暗いやつ」だったのではないかと思います。

中学入学の頃に関節をおかしくしてスポーツができなくなり、入部したばかりのバレーボール部をすぐに退部してしまいました。小学校から仲の良かった友だちはみんなバレー部。次第につきあいがなくなっていきました。

私は学校が終わるとまっすぐ帰る日々。家ではひとりでギターを弾く程度。しかも曲は、さだまさし。「精霊流し」「無縁坂」「縁切寺」…暗っ！（笑）

今から思えば、「暗い」子どもは「まじめ」であったりもします。

中3の夏、受験で内申点が気になる頃、夏休み前の音楽の授業で宿題が出ました。アルトリコーダーで「だれかが口笛ふいた」という曲を練習してくること。夏休み明けにテスト。ということは、二学期の内申点にもかかわってくる。

私は音楽好きでしたが、スタッカートだらけのその曲は私にとってずいぶん難しい曲でした。その日の音楽室で、私はさらにまた暗くなりました。友だちと会うこともなさそうな一人で過ごす夏休み。そして受験の夏休み。さらには、難しいリコーダーの宿題。

ほんとにまじめだったのか、毎日10分程度、リコーダーの練習をしました。暑い夏、窓の外からうっとうしいアブラ蝉の声を聞きながら、汗をかきながら練習します。でも少しも上手《うま》くなりません。どうもこのスタッカートが幼稚園児のスキップみたいで間抜けな感じ。10日たち、20日たっても、上手くなりません。とうとう夏休みが終わっても結局、上手くなりません。夏休みの終わりに、私はさらに暗くなっていました。

夏休み明け、憂鬱《ゆううつ》な音楽の試験がやってきました。

開け放たれた窓から、まだ蝉の声が聞こえる音楽室。例によって生徒が順番に前に出て、ワンコーラスずつ吹きます。自分のリコーダーに自信のない私は、友だちの演奏もよく聞こえません。ただ外のか弱い蝉の声が気になるばかり。

先生もたんたんと、

「はい、次の人」「はい、清水くん」と、テストなので感想も交えず進みます。

そして私の順番。うなだれながら私は前に出て、結局、上手にならなかった自分のリコーダーを、それでも一所懸命吹きました。

演奏が終わって、私はぺこりとおじぎをして席に戻ります。私が席に戻ると、先生は出席簿を確認しながら、次の人の名前を呼ぶと思いきや、一瞬手を止めて顔を上げ、

「松本くんの笛には、心があります。すばらしかった」

と言ってくれました。それでもすぐに何もなかったように、

「次の人」

とテストを進めました。

何人かの友だちが一瞬、私のほうへ振り向きました。でも、すぐに教室は元に戻りました。

自信のかけらもなかった私は、先生の言う「心がある」という意味がまったくわかりませんでした。ですから、その言葉をもらって、嬉しいという気持ちは起きず、むしろ何を言われているのだろう？　と、少し動揺した気分でした。

その日の帰り道。

「下手《へた》くそでも、悪くはなかったのかな？」

と、ちょっとだけ自分で納得しました。

すると、いつもの暗い気分の帰り道が、少し明るく感じました。憂鬱《ゆううつ》な蝉の声の上には、きれいな青空や白い雲があったと気づけたような、そんな気持ちになりました。

何年もたって、この日のことを思い出すと、おそらく自分の笛は、夏休みの間、練習し続けたおかげで、きっと先生の心に届くものになっていたのだと思います。

そして、先生は私が過ごした暑い夏の毎日まで受け止めてくださって、思わずほめ言葉を言ってくださったのでしょう。

「上手い」「下手」でなくて、「心がある」。

それを思うと「暗い」空気を漂《ただよ》わせた自分を「がんばったね」と先生に認めてもらえた気がして、涙が出そうになります。

たったひと言が、何十年も誰かの心に残り続けることがあります。

大げさな言い方ではないのですが、それが誰かにとって、生まれてきた証し、人生を生きた証しになることも、実はたくさんあるものです。

30 クレームには「期待に沿えず申し訳ありません」

炎上は初動対応で決まる！

あるビジネスホテルに泊まった時のことです。立地もよくて設備もよく、フロントの方々も皆さん素敵で、何度か利用させてもらっているホテルです。

その日泊まった部屋は、ウォシュレットのリモコンの調子がよくなくて、使えないわけではないものの、私は何度かしゃがんだまま「考える人」になっておりました。

部屋を出る頃にはそのことは一度忘れていたのですが、チェックアウトのフロントでふと思い出して、次のお客さまのためにもお伝えしました。

ほめ達の私ですから、極めて穏やかに、

「あ、そういえば、ウォシュレットのリモコンの調子がよくなかった感じでした」

とフロントの男性にお伝えしたところ、間髪を入れずに、

「ああ、リモコンのところにタオルを置いたりしませんでしたか？」

と返されて、思わず私は笑ってしまいました。よくあるクレームなのかもしれません。

「いやいや、クレームじゃないですよ。びっくりしますよね、すみません。タオル…かけてたかも。ま、念のためにお伝えしただけです。失礼しました」

きっとまじめな方なのですね。何度も同じようなトラブルがあってビクッとされたのかもしれません。ただまあ、私がほめ達じゃなくて、本当に不便に思っていたら、今のフロントの方の対応だったら炎上かもなあと思わず笑ってしまった次第です。失礼。

お客さまからのクレームには初動の対応が大切。やはり小さな謝罪と共感です。

「それは申し訳ございませんでした。ご不便を感じられたと思います」

えっ、お客さまの使い方が悪くても謝罪？

はい、私のようにリモコンに何かしでかしていたのかもしれません。ただし、お客さまには私たちに対する期待があり、その期待に沿えなかったのは事実。

えっ、それって、勝手な期待じゃないの？　はい、そうであっても、お客さまが私たちにそれだけの期待をかけてくださっているありがたさも事実。

ですから、「期待に沿えなかったですね！」という小さな謝罪は大切になります。最初に謝罪するかしないかで、クレーム解決までの時間が大幅に変わるとも言います。

そしてさらに、不便やイライラやモヤモヤを感じたお客さまの気持ちに共感してあげる。

私たちも誰かにクレームを言う時のことを考えれば、「わかってほしい」という気持ちがありますよね。まずはその気持ちに寄り添ってあげることが大切ですね。

これは当然、お客さまからのクレームに限りません。職場の同僚とのやりとりもそうですし、最高で最強の顧客でもある（笑）奥さん、旦那さん、彼女、彼氏とのやりとりもそうです。

クレーマーでもなんでもない、奥さん、旦那さん、彼女、彼氏に対して何気なく言ったひと言で、クレーマーに変えてしまっているかもしれません。

「なんでLINEもできないの？」

「俺だって忙しいんだよ！」

「あなたって、いつもそうじゃない！」

炎上。終了（笑）。

ほんの小さな謝罪と共感。それが顧客満足のためには必要です。

「ごめんね、待った？」「心配した？　ごめんごめん！」

「いいよ、ぜんぜん」

かくして愛が大炎上していくわけです（多分）。

31

ルールで縛る↓ルールを活かす

言いかえひとつで仕事ぶりも職場も変わる

私の前職は外資の損害保険の会社でした。

大きな会社でしたが、45歳までガソリンスタンドのおやじだった私を、経営企画部のマネージャーにしてくれるような、自由闊達《かったつ》で、活き活きとした社員ばかりの会社でした。

ちょっと前になりますが、当時の仲間が転職するというので、壮行会に呼ばれました。

彼は本社の法務・コンプライアンス部門で活躍された方。とても頭が良くて、馬力もあって、仕事をガンガンこなす人。

「法務・コンプライアンス」

と言えば、企業活動が法令や社会のルールを守っているかどうか、しっかりと確認する部門です。企業が扱う商品やサービスの内容や、さまざまな契約や、外に向かって出す文章などをしっかりとチェックしてくれる部門です。ですから、当然、

「厳しい目」

で仕事をされています。

社内の他の部門から「チェック」を依頼されると、

「これはコンプライアンス的に認められません」

「決められたルール通りでないので、作り直してください」

と返されたりしてしまいます。

ともすると、

「ルールで縛る人」

になってしまいそうですが、前職の法務・コンプライアンス部門のメンバーは、

「ルールを活かす人」

だったように思います。

とりわけ壮行した彼は、どんな部門のどんな案件に対しても、担当者一人ひとりとしっかりと向き合って、

「前に進むために、ルールを活かす」

ことをしてくれました。

「ん〜、**そのやり方では無理だなあ。ただし、こう考えれば可能性はある**」

「松本さん、ムチャ言わないでくださいよ。ただ、面白いですけどね。だから、まだアイデア出せるんじゃないですか？」

「時間ないですけど、この時間までに持ってきてくれたら、あとは何とかします！」

そんなふうに、「突き返す」のではなく、「背中を押す」人でした。

壮行会に集まった仲間が、みな同じことを言っていたので、ああ、彼は誰に対してもそうしていたのだなと、なおさら嬉しくなりました。

そもそも社会のルールとは、何のためにあるのだろうと考えれば、

「すべての人たちが幸せに暮らすため」

ルールを守ること自体が目的ではなくて、ルールを守りつつ幸せに暮らせることが目的なのだ。そんなことを教えてくれる彼でした。きっと次の職場でも活躍されるのだろうなと想像しています。

そんな彼の壮行会はとても楽しすぎて、とても羽目を外してしまいました。

もちろん、ルールは守りつつですが。

32 空気を読む↓空気を変える
一瞬でその場を活性化させる「新・ほめ達ＫＹ」

「空気を読まないやつ」「空気を読めよ！」という言葉も、最近ずいぶん減ってきたように思います。

日本人は助け合って生きてきた民族。共同体意識が強くありました。また、ひと昔前は終身雇用で同じ人生の目標に向かう企業人として生きてきました。きっとそのせいでしょう、「暗黙の了解」や「普通、そうだろ！」といった「場の空気を読む」ことを求められてきました。

ここへきて、価値観も多様化。目指す人生のゴールも自分のあり方もそれぞれ。さらに日本で暮らす外国出身の方も増えてきて、「場の空気」も一つではなく、多様になってていることに気づいてきたのだと思います。

ではでは、職場や学校や家庭の「場の空気」が多様に変化して、いい方向に向かっているかと言えばそうでもなく。多様化した空気がもう「読めなく」なってしまって、どんなコミュニケーションをしたらいいのか困っている場合が多いのではないでしょうか。

だからこそ、私たちほめ達を研修で呼んでくださる企業や団体、学校が増えているのです。

ほめるとは「価値を発見して伝えること」。いろいろな世代や人たちがいる中で、それぞれの価値を見つけて、それを活かして成長していきたい。「グループ会社24万人を全員ほめる達人に！」と新聞で発表してくださったNTTグループをはじめ、ほめ達研修を導入してくださる企業は毎年200社を超えているのは、そんな理由からだと考えています。

ほめることは、組織や家庭の空気を変える、まさに「活性化」につながるのです。

そんな研修の中で、「空気を読まないKY」でなく、「新・ほめ達KY」というのをお伝えしています。これを使うと、一瞬にして空気を「良いほうに変える」ことができてしまいます。会話の中で使ってももちろんバッチリですし、メールの返信などに忍ばせると、びっくりするほど相手を元気にできたりします。

「新・ほめ達KY」とは、会話やメールの中に、「KとY」を加えること。

まず「K」は、「感謝・貢献・共感・感動」です。

そして「Y」は、「喜び」です。

仕事のやりとりなどでは、どうしても言葉が事務的になりがちです。

「先ほどの件ですが、問題ありませんので進めてください」
「承知しました。では、進めてまいります」

もちろん、これで業務は進みますが、進めるエネルギーが湧いてこなかったりしますよね。そこで、「K：感謝・貢献・共感・感動」「Y：喜び」を足します。

「先ほどはありがとうございました！（感謝）お話しいただいた件ですが、問題ありませんので進めてください」
「早速のご確認ありがとうございます！（感謝）とても助かります！（貢献）承知しました。では、進めてまいります」

ずいぶん場の空気が変わりますよね。または、

「先ほどの件ですが、問題ありませんので進めてください。タイトなスケジュールで大変

ですね（共感）。それなのにこのクオリティに驚いています（感動）」
「お心遣い嬉しいです！（喜び）承知しました。では、進めてまいります」

なんだか、とてもいいチームの仕事ぶりに見えますね。

「感謝・貢献・共感・感動・喜び」って、ほめるとは違うことでは？　と思われるかもしれません。

私はよく研修の際に、「ご自分がほめられた、と思ったことを書き出してみてください」というワークをします。

「自分がほめられた」と思った言葉を思い出すと、なにかすごい成果を上げた時ばかりではなくて、感謝されたり、役に立ったと言われたり、共感してもらったり、びっくりしてくれたり、喜んでもらったり、意外と「ほめる」は広い意味だと気づいたりします。

ぜひ、「新・ほめ達ＫＹ」で、周りの空気を元気が出る空気に変えてみてください。

33 とがったことば↓丸いことば

できる大人は受けとめることばも選ぶ！

できる大人は自分の言葉を選ぶのと同時に、相手の言葉も選んで受けとめます。

考えてみれば、相手も言葉を選んでいるはずです。その言葉を選んだ理由もあるはずです。言葉をただ額面通りに受けとめるだけでは、相手の気持ちはくみとれないかもしれません。

私が意識していることの一つに「丸い言葉と、とがった言葉を分けて受けとめる」ということがあります。

「丸い言葉」とは、穏やかな会話だったり、ほめ言葉だったり、感謝や感動や感激だったり、ま、要するに「笑顔付き」の言葉ですね。

「とがった言葉」とは、カリカリ、イライラ、ムカムカ、ガミガミ、とか、ま、要するに、「眉間にシワ付き」の言葉ですね。そして、

「丸い言葉は素直に受けとめる」「とがった言葉は、その裏側を受けとめる」

ようにしています。クレーム対応の話とつながりますが、とがった言葉の裏側には、必ずその裏に思いがあります。案外と丸い言葉も隠れています。

ここでもまた人生の最大最強の顧客とも言える、奥さん、旦那さん、彼女、彼氏の例で考えてみましょう。

たとえばですけど、

「夕飯食べて帰ってくるなら、もっと早く連絡してよ！」。この言葉の裏側には、

『今日も一所懸命に夕飯作ったんだけどなぁ。自信作だったのに…』

「ゴロゴロしてるんならお風呂の掃除くらいしてくれない!?」。この言葉の裏側には、

『別にお風呂の掃除なんか私が隙間時間でいつもできるけど、いまそれも手が回らないほどやること多いし頭もいっぱいなんだけど…』

「また変なもの買ってきて、どうせすぐ飽きるくせに！」。この言葉の裏側には、

『家族みんなで楽しめるものも、たまには考えてほしいな…』

「私のことなんて放っておいてよ！」。この言葉の裏側には、

『いま自分では気持ちの整理がつかないの…』

「あなたなんて大キライ！」。この言葉の裏側には、

『こんなに好きなのに、なんでわかってくれないの…』

などなど。


「とがった言葉」のほとんどは、実はその裏にあるとっても柔らかな心、優しい思い、切ない思いから生まれているのではないでしょうか？

そもそも、「とがった言葉」を言わせてしまうのは、相手の期待を満たせない自分側の問題もあったりいたしまして。

「とがった言葉」を額面通りに受けとめると、こちらもまた「とがった言葉」で応酬してしまい、さあ！　イザやコザが勃発！　炎上。終了です。

言葉そのものはそれこそ記号のようなものですが、言葉選びには必ず、その人の思いがあることを忘れずにいたいですね。

第3章

何気ないことばが〝極上のプレゼント〟になる

「信頼される人」の気くばりとは

34

「相手をたたえる」→「相手の価値を認める」

小さな「ことば選び」で大きな変化が起こる！

「ほめるって難しい」「ほめるのはちょっと照れくさい」「ほめると調子に乗る？」「ほめるって、あまやかすことじゃないの？」「お世辞は嫌い！」

日本ではほめるということに、あまりいい印象をお持ちでない方も多くいます。

「ほめ達」が言う「ほめる」とは、お世辞を言うとか、思ってもいないけど相手を気持ちよくするために言っておこうとか、まったくそんな意味ではありません。

「ほめ達」が言う**「ほめる」とは「価値を発見して伝えること」です**。人やモノや出来事の価値を発見して伝える。価値とは、魅力や素晴らしさや強みなど。ですので、「ほめる達人」とは「価値発見の達人」です。

となれば、「ほめ達」が言う「ほめる」とは、相手の問題でなくて、自分の問題です。自分が相手の「価値」を見つけられるかどうか？　ただそれだけ。ほめるところがない相手がいるのではなくて、ほめるところを見つけられない自分がいるだけ、ということですね。

逆に言うと、「ほめ達」になって誰が一番幸せになるのかといえば、自分自身です。

自分の周りは昨日と一切変わりなくても、そこに価値を見つけられてしまう。**自分の周りが、魅力ある人、素晴らしい人ばかりになる。**さらに昨日と変わらぬ仕事をしていても、その仕事の価値が見えてくる。出来事の価値が見えてくる。

「ほめ達になって何が変わりましたか？」と研修を受けた方にたずねると、皆さん同じように「自分が変わりました！」と答えてくださいます。自分が変わることで、周りが変わって見える。そして周りにいい影響を与え、知らぬ間に関係も良くなっている。それが「ほめ達」の素晴らしさです。

「とはいえ、いざほめるとなると…」

普段やりなれないことを始めるには、やはり勇気も必要です。

「どんな言葉でほめたらいいのか？」「こういうタイプには、どんなほめ言葉？」

いろいろ悩んでしまいますね。ただ、実はほめるって、とても気軽にできることなのです。そのヒントが、「自分がほめられた経験」に隠れています。

前にも書きましたが、私は研修の時に、よく「自分がほめられた記憶を思い出して書き出してみてください」というワークをしています。自分がほめられたと思えば何でもオッケーです。どんな小さな体験でもオッケーです。「あれって、自分はほめられたように思った…」という記憶。すると皆さん、さまざまなことを挙げられます。

「上司にユニークだねえと言われた」「母親に、よくがんばるね、と言われた」「お客さまに笑顔でありがとうと言われた」「逆上がりができた時に、先生がすごく喜んでくれた」「彼女にがんばってるね、と言われた」

辞書に書かれているような、いわゆる「讃える」という狭い意味の「ほめる」とはずいぶん違う言葉ばかりが出てきます。「ほめる」とは実は意味が広いのです。

たとえば、**「認められる」「応援される」「感謝される」「喜ばれる」「ねぎらわれる」、そんな言葉や態度に、私たちは「ほめられた」と感じます**。自分という存在の「価値を発見してくれた」と思えます。

「ほめる」の意味は広いですし、相手に心を寄せた小さな言葉がけ、言葉選びで十分に伝わります。ぜひ、ほめられた記憶を思い起こして、小さな言葉を「気軽に」プレゼントしてあげてください。

「うーん、ほめられた記憶ありません！」。そんな方もいますよね。でも大丈夫です。ほめ達になると、ほめられる達人にも、すぐになれてしまうものです。

35 「当たり前」→「がんばってるね」

「心の報酬」になることばの花束

企業にとって、人材が一番大切な時代になりました。

景気がいいということもありますが、労働人口の減少を考えれば、日本では今後景気が悪くなったとしても人材不足はずっと課題であり続けます。また、終身雇用から人材の流動の時代になったいま、優秀な人材をとどめることも難しくなりました。私の前職は外資でしたが、3年程度で転職しながらキャリアを積んでいく方々もたくさん見てきました。

そんな中で、企業は人材確保や育成に力を注いでいます。給与・待遇・地位・働き方改革とさまざまな工夫をしていますが、それでも離職率が下がらない。また、人生の幸せを手にするために働きにきた職場で、心を痛めてしまう方もいる。

そこにはまだまだ意識が回っていないこととして「心の報酬」があるのではないか、と、ほめ達研修ではお伝えしています。

給与や待遇などの実際の報酬だけでは満たされない、「心」に手渡す報酬です。

「心の報酬」には大きく二つあります。それは、「成長の実感」と「貢献の実感」。

「成長の実感」とは、人が誰でも持っている「成長欲求」を満たしてあげること。「自分は成長している」という実感です。

「新人の頃にはまったくできなかったことが、ここまでできるようになった！」「最近まで課題だったことをクリアできた！」「おそらくこれからも、この会社とともに自分は成長できていくだろう」。そんな実感です。

ただし、なかなか自分では実感しづらいことですよね。それを実感させてあげること。

そして「貢献の実感」とは、これもやはり誰でも持っている「貢献欲求」を満たしてあげること。「自分は誰かに貢献している」という実感です。

「お客さまに喜んでもらっている！」「お客さまに直接ありがとうと言われない部署だけど、製品を通じてお客さまの役に立っている！」「このサービスで、社会の役に立っている！」そんな実感です。

こちらもなかなか自分では実感しづらいことですね。やはりそれを実感させてあげる。

この二つはあえて言葉にして、「心の報酬」として相手に伝えないと、なかなか実感できないものです。

また、「心の報酬」は、「がんばってるね」「ありがとう」「仕事はやいねぇ」「もうできたんだ！」など、ねぎらいや感謝、応援、プラスのフィードバック、ちょっとしたほめ言葉でも手渡せます。さらに「心の報酬」は目上から目下へばかりでなく、目下から目上へでも、横の関係でも手渡せます。

私は研修の際に受講者の皆さんに「最近、心の報酬を誰かからもらいましたか？」と質問をします。皆さん「う〜ん」と考えられます。さらに「最近、心の報酬を、誰かに手渡しましたか？」と質問すると、やはり皆さん「う〜ん」となってしまいます。私を含めてですが、意識しないとなかなか手渡せないのが「心の報酬」です。

毎日の業務は、誰もが「当たり前」のようにこなしていけます。「当たり前」とは怖い言葉。その向こうにある誰かの努力やがんばりが見えなくなってしまう言葉です。「当たり前」に隠れてしまいがちな、誰かの努力やがんばりに、ほんのひと言の「がんばってるね！」や、ほんのひと言の「ありがとう！」という、小さな「心の報酬」を手渡していきたいと思います。

36

「何考えてるの？」↓「よくやってるね！」

口にするだけで、不思議と相手の努力が見えてくる

私の父は東京・足立区の北千住で、昭和32年に小さなガソリンスタンドを創業しました。下町ですから、「一人勝ち」する商売ではなく、「支え合う」商売をしてきたのだと思います。そのせいか父は基本的に温厚で、いつもご機嫌で、地域の人たちと楽しい毎日を送ってきました。

そんな父の口癖の中で、とてもいいなと思うものがあります。

「よくやってるよ」「よくやってるね」

街の人の話題や、同業の仲間の話題、親戚の話題などになった時に、この言葉をよく使っていたように思い出します。

相手を良し悪しで決めつけて言うのではなく、誰かの悪口を言うのではなく、「よくやってるよ」「よくやってるね」

こう口にすると、相手なりの努力を認めてあげられる。自分がその人だったとしたら、

と想像してあげられる。彼は彼で大変だ、と思いを巡らせてあげられる。とてもいい言葉なのじゃないかと、最近思います。

私は「ほめ達！」な毎日を暮らしていますが、それでも、「!?」という出来事があります。相手が何を考えているのかわからなかったりすることもあります。相手の発言に翻弄《ほんろう》されることだってあります。

けれども、それは私自身を基準にものを見てしまっているからかもしれません。私のほうで壁を作ってしまっているのかもしれません。そんな時に、

「ああ、彼もよくやってるよなあ」「彼女、よくやってるね」

ことの良し悪しではなくて、相手のがんばりに視点を変えてみる。

相手だってがんばっている。ならば相手に対する、違う感情の持ち方があるのでは？　違う言葉があるのでは？　彼も彼女も自分も、自分や誰かを守るために、毎日がんばっているのだから。誰だって「よくやっている」んですものね。

何気ないそんな言葉の使い方に、実は人への大きな愛が隠れています。

口癖に隠れた大切なこと。父はそれを長い時間をかけて、息子である私に教えてくれたのかもしれません。

37 自分のまわりに「よくやってるね！」

殺伐とした空気にぬくもりが生まれる

「よくやってるね」「よくやってるよ」

相手を良し悪しで判断するのではなく、相手の存在を認め、相手の努力を認め、まずは受け入れることで、相手といい関係を作っていくセリフです。

これは見ず知らずの人にも使えます。たとえば満員の通勤電車。混み合った車内、スマホを持つ手で背中を突き刺されるような殺伐とした空気の中でも、

「よくやってるなあ」

と、周りの一人ひとりの顔を眺めれば、一人ひとりの毎日に思いを巡らすことができます。むしろ、なんだか応援したくなってきます。

「仕事、大変なのかな？」

「毎日がんばっているんだろうな」

「悩みとかあるのかな」

「がんばろうね、お互い！」

なんて具合に。ふっと優しくなれたりします。

もちろん当然この言葉、自分自身の毎日にも使えます。なかなかうまくいかないことがあったとしても、

「よくやってるね」「よくやってるよ」

と、まずは自分を認めてあげると、ずっと楽になれたりします。

いまここにいること。この街でがんばっていること。今日までがんばってきたこと。とにかく暮らしてきたこと。生きてきたこと。考えてみたら、それだけですごいこと。

「よくやってるね」「よくやってるよ」

そんなふうに、自分にも人にも目を向けると、なんだかみんな、自分も含めて、愛《いと》おしい仲間、かけがえのない一人ひとりに思えてきます。

さっきまで殺伐と感じていた通勤電車も、静かだけれどぬくもりのある車内に思えてきます。さっきまでノイズだった電車のモーター音も、レールの継ぎ目の振動も、とても優しく聞こえてきたりするものです。

「よくやってるね」「よくやってるよ」

38

「今、人気のお菓子なんです」↓「○○さんに食べてもらいたくて！」

美味しさ以上に気持ちが伝わる

昭和の頃までの日本人は、手土産《てみやげ》を渡す時に「つまらないものですが」「お口汚しで」などと謙遜することが礼儀であり、それが普通の言い方でした。

さすがに最近は「つまらないもの？　そんなの持っていったら、それこそ失礼でしょ？」と変わってきました。さらに、お土産の品を一所懸命に作っている人のことを考えれば、「つまらない」は失礼極まりません。ですから最近はあまり強い謙遜の言葉を聞かなくなってきています。私はいいことだと思っています。

そんな中で、お土産やギフトがさらに嬉しく感じる言葉を最近よく聞くようになりました。「これ、京都で今、すごく人気のお菓子なんです」とか「美味しいんですよ、すごくやわらかくて」とか、「福岡に行ったら必ず買ってくるんです」という、まさにオススメの言葉を添えてくれることが多くなりました。

つまりはプレゼンテーションですね。お土産を届ける相手のために、いいものをしっかりと選んできましたよ、という気持ちが伝わります。

仕事でも学校でも日常でも、今はプレゼンテーションのスキルが重要視されています。モノが溢れ、情報も溢れている時代。昔のように謙遜したり、卑下したりしていては、自分の良さもモノの良さも伝わらなくなっています。また、謙遜せずに自分の良さやモノの良さをしっかりと伝えたいということは、それがきっと相手の役に立ち、相手が喜ぶ自信があるから、と伝わりますよね。

さらに最近、もっとお土産やギフトが嬉しく感じる言いかえに出会いました。

「これ、ぜひ、松本さんに食べてもらいたくて！」

いかがでしょう。この言い方、キュンときてしまいませんか？

「これ、すごく美味しかったから、ぜひあの人に食べさせたい」。人は自分の喜びの感情を共有したくなるのは、自分が敬意や好意を持っている相手だと言います。

「松本さんに食べてもらいたい！」という言葉には、お土産の美味しさだけでなく、その人の気持ちがたっぷりとこめられてますよね。コンビニのお菓子でも効いてしまいます、

「このチョコレート、松本さんに食べてもらいたくて！」

39

「きつい!」↓「きつい♪」

心が軽くなる魔法の音符

私はよくSNSやメールなどで音符マーク「♪」を使います。

「ありがとう♪」

「おはようございます♪」

などと、日常的なメッセージでは必ずと言っていいほど使っております。

「ありがとう」

「おはようございます」

だけでは、受け取った相手に私の気分が伝わらないと思うからです。

いい年をしたおっさんが「♪」かい! と思われるかもしれませんが、いい年をしたおっさんほど何を考えているかわかりづらかったりしますので、「ご機嫌の表明」は大切だと考えます。

また、仕事上のシリアス状況のメールでも、平気で「♪」を使ったりします。

「ま、なんとか乗り切りましょう♪」

ふざけているのか？　と誤解されそうにも思いますが、こちらは大真面目なので、さほど誤解を受けることもありません。それどころか、

「松本さんの♪マークで、なんだか気が楽になりました！」とか、

「あまり肩肘張らずに、眉間にシワ寄せずにしますね！」

などと、メールであっても場の空気を変えることができたりします。

まさにそれが私の狙うところです。

眉間にシワを寄せて唸って考えるより、リラックスして考えたほうが解決策やアイデアが生まれやすいですし、一歩踏み出すにも足が軽く感じそうですよね。

この「♪」は、以前、卓球の福原愛さんのインタビューで知って取り入れました。リオデジャネイロのオリンピックでみごと女子団体銅メダルを取った福原愛さん。オリンピックよりずいぶん前のインタビューだったと記憶しています。

「どんなに大変なことでも、自分の言葉の最後に〝♪〟をつけると楽しめる、乗り越えられる」

とおっしゃっていました。

子どもの頃から卓球に挑戦し続け、期待され続け、何かを乗り越えることが日常だった福原愛さんの言葉。

「練習がきつい…」ではなく、

「練習がきつい♪」

「ものすごいプレッシャー…」ではなく、

「ものすごいプレッシャー♪」

確かに感情の後味がまったく変わりますね。

出来事の事実は変わらない、誰にとってもすべては平等、だとしたら、自分がどう受け止めるか、どんな気持ちで向かい合うか。それによって「自分にとって」の出来事の意味は全く変わってしまいます。

カラダの筋力を鍛えるようなトレーニングも、ココロの筋力を鍛えるようなトレーニングも、かかってくる負荷は間違いなく大きいわけですが、どうせ乗り越えていくべきことならば、

「♪」

と、鼻歌交じりでとりかかりたいですね。

40 「早め」→「大至急！」

ことばにこもるホスピタリティ

仕事で札幌に行った時によく寄る寿司チェーン店があります。

チェーン店ですので、値段はとてもリーズナブル。地元の家族客や旅行客が気軽に入れるお店です。とはいえ、さすが場所は札幌。この味を東京で食べれば値段は何倍だろう？という美味しさです。

私が行くのは札幌駅ビルの中のお店。何十席もある広いお店で、板前さんが数人、ホールの女性も数人、バックヤードにも数人います。オペレーションもしっかりしていてシステム化もされています。システム化の上に心もこもっている。日本の伝統食を守る方々のすばらしさなのだと思います。

少し前、私は講演のために札幌に前乗りして、そのお店のカウンターでひとり夕餉《ゆうげ》を楽しんでいた時のことです。夕食どき、店内は混み合っています。とはいえ、お店はガサガサせず、カウンターの中の物静かな店長さんを中心に、とても品よくお客をもてなしてくれていました。店員さん同士のリスペクトも強く感じます。さらに仕事の心意気からか、店員さんたちの心地よい緊張感がいつも漂っているお店でもあります。

私はそんな中、美味すぎるお寿司と土地の日本酒を楽しんでおりました。

事件は、アルバイトと思われる若い女性店員さんの一言で起こります。

女性店員さんはそれまでと違った声のトーンで、カウンターの中の店長さんに言います。

「まぐろ、大至急でお願いします！　大至急です！」

小さな声ながら、女性店員さんのおそらく普段は使われないであろう強い言い方に、店長さんが少し怪訝《けげん》な顔をされます。

「大至急？　あいよ、早めね」

「いえ、大至急です！　まぐろ！　赤身！」

「オッケー、早くやるよ」

「店長！　大至急なんです！」

「どうした!?」

「さっき届けたまぐろ、お兄ちゃんが食べちゃいました！」

「お兄ちゃん？」

「はい、4番テーブルのお子さんたち、妹さんのご注文、お兄ちゃんが食べちゃいました！」

「わかった！　大至急な!!」

大きなチェーン店です。10数人が働く、繁盛店です。夕食どきで、それでなくても大量の注文をさばく時間帯です。

「わかった！　大至急な!!」と言いながら、店長さんは慌てるそぶりもなく、しかし明らかに倍速以上の手さばきで、あっとも言わぬ間に赤身の握り寿司が出来上がりました。

「赤身お待ち」

店長が寿司皿を出します。アルバイトの女性が小声で「はい」と言って深くうなずきながら皿を受け取り、足音を立てない小走りで半個室のテーブル席へ急ぎました。

言葉選びで事態を共有するチームワーク、そして本気のホスピタリティ。

私は心で大拍手大乾杯でした。

素敵なお店、素敵な店員さん、素敵なこの国。当然、日本酒、お代わりしてしまいました。

41

「なじめないなあ」↓「いい雰囲気だなあ」

見えないものに価値を見いだす力

ある会社の事務所に伺った時に、社員の方たちがとても穏やかで温かなあいさつをしてくださったので、

「とても温かな、素敵な雰囲気の事務所ですね」

と、私としては普通に言ったのですが、そこの責任者の方がずいぶん驚かれました。

「素敵ですか？？ そんなふうに思ったことないですから、なんだか嬉しいですねえ」

その方にとっては、普段の当たり前の雰囲気だったのかもしれません。意識していなかったことを言われて、喜んでくださったようです。

ほめ達が言う、ほめるとは、「価値を発見して伝える」こと。

この「価値」というものは、たいてい「目に見えないもの」です。私が伺ったその会社の雰囲気も、目に見えるものではありません。目に見えないものに対して、「温かい」「素敵」という価値を発見したことになります。確かにこれって、すごいことですよね。

「大切なものは目に見えない」

前にもご紹介したサン＝テグジュペリの言葉です。実は、私たちが毎日一喜一憂しているものは、たいてい目に見えない。

「素敵」「楽しい」「嬉しい」「悲しい」「辛い」「幸せ」

考えてみたら、どれ一つ目に見えません。目に見えないものを感じとる、目に見えないものに価値を見つける、見えないものを見る能力。実は私たちはすごい能力を持っているのですね。

ただ、私たちはこの能力に振り回されたりもします。

見えないものを見るので、何を見ようとするかで、見えるものが変わってきます。マイナスなことを見ようとすれば、いくらでもマイナスが見えてくる。プラスなことを見ようとすれば、いくらでもプラスが見えてくる。そもそも見ようとしなければ、何もないかのように思えてくる。

「なじめないなあ」「疲れる仕事だなあ」「この人、めんどくさい」「私って、ついてないなあ」

そんなふうな目で見れば、毎日見えるものは暗い世界。色で言ったら、グレーや黒の世界でしょうか？

「いい雰囲気だなあ」「みんな、がんばってるなあ」「面白そうな人!」「私って、ついてるなあ」

そんなふうな目で見れば、毎日見えるものは明るい世界。色で言ったら、イエローやオレンジでしょうか?

目に見えないものに影響されて、目に見える世界も色を変えてしまいます。私たちは同じ街並みや、同じ職場を見ながら、見えている世界の色は、実は見る人ごとにまったく違っているのです。心の世界の色ですね。

さらに**私たちが見た世界を言葉にして伝えることで、他人の心の世界の色も変えられます。相手の心を明るくも暗くもできるのが、私たちの伝える言葉なのです。**

私たちには、「目には見えないもの」を見つけて、自分の心も相手の心も、明るくも暗くもできる能力があります。

だとしたら、明るくしてあげたいか? 暗くしてあげたいか?

その能力を無意識で使っている場合があるのがちょっと怖い。

できたら意識して、誰かの心を明るくしていきたいものですよね。

42 無言で食事↓笑顔で「おいしい」

幸せはことばにすると増幅される

休日だったと思います。大阪でふらっと入ったあるレストランでのこと。隣の席のご夫婦が、とても幸せそうに食事をしていました。

旦那さんも奥さんも終始笑顔で、

「おいしいね〜」

「うん、うんまいうまい！」

と、何を口に運んでも美味しそうです。

そのご夫婦の向こうで、別のご夫婦が食事をしていました。こちらは、ほぼ無言。もちろん仲は悪くもなさそうですが、特に会話がはずむこともなく、何を食べてもとりわけ感想を言うでもなく。まあ、当然いろんなご夫婦もいらっしゃるでしょうけれど。

同じレストランで、同じような料理を食べても、人の反応や、思うところや、もっと言ったら、幸せの感じ方が、こうも違うもんだと、あらためて思いました。どちらがいいとかどうとかではなくて、どちらになりたいかと言えば、やはり前者かなと思います。

幸せは、同じように私たちのテーブルに運ばれてきます。それを幸せと思うか、当たり前のように思うのか。それはやはり、私たち次第なのですよね。

幸せって、やはり私たちの外にあるのではなくて、私たちの内側にあるもの。幸せは、どこか知らないところにあるものではなくて、私たちの目の前にあるもの。もっと言ったら、幸せは、私たちの在り方次第なんだなと。

幸せになりたい、と、私たち誰もが思いますが、幸せは今すぐ自分の中に見つけられるものなのだと思います。

遠く彼方の幸せは、実は幻想かもしれない。幸せは、今、ここにあるんですよね。

そして、**幸せは言葉にすると、増幅される**のだと思います。

なぜなら私たちは、**言葉で幸せを確認している**のですから。

あっ、ちなみに、そのレストランは、みなさまおなじみ、牛丼の吉野家さんでした。

43 「大負け」→「社会貢献」

元祖ほめる達人の天才的言いかえ

これもまた、さだまさしさんのお話です。

さだまさしさんは、もともと人をほめるのが得意な方。また素晴らしい曲作りや、楽しいステージトークからもわかるように、言葉を大切にし、言葉の力を最大限に使って、聴き手を元気にしてくれる方です。

先日、さだまさしコンサートの楽屋を訪ねた時のこと。30年ぶりにお会いする舞台監督さんがいらっしゃいました。私がまだ22、23歳で、楽器担当のスタッフだった頃に舞台監督さんだった方です。

「おお、松本くんじゃねえか！」。ヒゲ面で、頭はモシャモシャで、独特の雰囲気があり、いかにも「舞台の奥の住人!?」的な風情《ふぜい》が昔にも増していらっしゃいます。ですが、つぶらな瞳も相変わらず。

「なんかお前、ほめる達人なんだって？」

そんな噂を耳にしてもらえているのも嬉しいお話です。

「おう、じゃあ、俺をほめてくれよ！」

きたきたきたきた！　ほめ達をやっていると、「じゃあ、私をほめてください！」はよくある話です。

「この不運なオレをほめてくれよ！　競馬でからっきし当たらない、このかわいそうなオレを！」

相変わらず競馬を続けているのだなあ、また大ハズシしたのかなあと。じゃあ、ほめちゃうよ！　と気合を入れた瞬間、私の後ろにいたさださんが一拍早くカットインしてきます。さださんは私が思う「元祖ほめる達人」。さすがにこの時も反射的にほめ始めます。

「もうね、あなたのような人こそ、真の競馬ファンと言えるね。だってそうでしょう、競馬歴も早や半世紀、ずっとずっと馬たちを応援し続けていらした。それも、あなたは馬を一所懸命選んできたものねえ。この馬！　君こそが素晴らしい馬だ！　キミにボクは賭けるよ！　ガンバレよ！　と、お金の見返りがいっさいなかったにもかかわらず、ずっとずっと馬たちを愛し続けてきた！　まさに！　あなたこそ競馬ファンの見本。馬たちへの深い愛のある方だ！　いや〜、素晴らしい。私はあなたのような人こそ、本当の競馬ファンだと思います。素晴らしい！」

アドリブでみごとなほめっぷり。聞いている私がしびれました。

ほめられた舞台監督さんも、

「ガハハ！　だよな。オレのお金は、社会貢献だ！」

なんて笑って去っていかれました。私は出る幕ありませんでしたが（笑）。

競馬で勝つか負けるかよりも、馬を愛し続けることが素晴らしい。そして、そこに費やしたお金は、必ず誰かのためになっている。むしろ競馬でお金を稼ぐよりも、美しい行為なのかもしれない！（意見には個人差があります）。素晴らしいほめっぷり、そして言いかえ。

さらに考えてみれば、この舞台監督さんもほめ達です。人生を笑って楽しめる。ガハハと笑って、自分の人生に元気を見つける。

そもそもコンサートに関わる人たちはみんなほめ達。

「ほめ達とは価値を発見して伝える達人」。観客が感動したり元気になる素晴らしいものを見出して、音楽や言葉や照明や舞台装置でステージ上から伝えてくれる。本当に素晴らしい仕事だと言えますね。

44 「おはよう」→「あ、おはよう！」

職場を居場所にしてあげる

私がほめ達の企業研修や講演などでオススメしている**「ほめずにほめる方法」**というのがあります。

ほめ達になると、むしろほめ言葉を言わなくても相手をほめることができる。ちょっとした言葉の選び方や態度だけでも、相手をほめることができてしまいます。

その一つが「あいさつ」です。**普段の「あいさつ」を少し変えるだけで、相手をほめることになる。**ほめ達では「ふた言あいさつ」をオススメしています。たとえばいつもの「おはよう」にひと言加えて、ふた言にしてみる。

「おはようございます！　今日も寒いですねえ」

「おはようございます！　昨日のラグビー、熱かったっす！」

「おはようございます。松本さん、朝からうれしそうですね。なんかあったんですか？」

いつもの「おはよう」にひと言足されただけで、言われているほうにしてみると、「うちの上司は私に向き合ってくれているな」「あの人、私を認めてくれているな」「この職場は私の居場所だな」そんなふうに思えます。

ふた言目は言葉でなくてもワンアクションでもオッケーです。誰かに「おはようございます」と言われた時に、自分がパソコン作業をしていたとしたら、ちょっと相手のほうに向き直って「おはよう！」と言ってあげる。それだけでも相手にはまったく違ったあいさつになります。

さらには「あ、おはよう！」「お！　おはよう！」という一文字でもオッケー。「あ、」「お！」と目を見て言ってくれるだけでも、言われた自分としては嬉しいですよね。

これは職場の廊下ですれ違った時なんかでもいい感じになります。「おはようございます」や「こんにちは」のタイミングでなくても大丈夫。「あ、松本さん！」「お、どうも！」などでも気持ちが伝わりますよね。あなたのことを大切に思っているという気持ちが。

ほめるというとちょっとハードルが高いと思われる方には特にオススメです。

「あ、」や「お！」の一文字だけ、今日から誰かにプレゼントしてみてはいかがでしょうか？

45 「こんばんは」↓「あ、こんばんは」

たった一文字のプレゼントが人生を救う

私が前職の損害保険の会社で、まだまだ売れない営業だった頃の話です。

一カ月の手数料収入が2000円!?　なんて時代をようやく抜け出し始めたものの、まだまだ順調とは言えない頃。それでも私なりに毎日がんばっては、週に一度くらい帰りの息抜きで、地元駅の駅ナカのカフェでビールを一杯だけ飲むことがありました。

ビール一杯の時間ながら「ひとり反省会」をしたり、気合いを入れ直したり、遠い明日を夢見たりしていました。

45歳・妻子持ち、家や車のローン持ちの転職でしたので余裕なんてもちろんありません。

それでも週に一度、キャッシュオンで一杯だけ飲むビールは、十分に私の「力水《ちからみず》」になっていました。

そのお店のおそらく店長と思われる男性が、いつもカウンターで対応してくれます。

「こんばんは。いらっしゃいませ」

「こんばんは。生ビールをお願いします」

「生ビールですね。こちらでお渡しします。少々お待ちください」

そんな短い会話を、その頃何度も繰り返しました。

いつの頃からか、店長はその会話に、ほんの一文字を足してくれるようになりました。

「あ、こんばんは。いらっしゃいませ」

一文字だけ足された「あ、」という文字。私をわかってくださっているようです。

そしてさらに店長は、目尻を少しだけ下げてくれます。駅ナカの店の帰宅どき、常に３人くらいがカウンターに並んでいます。私だけに特別な扱いなどありません。それでも、「あ、」という一文字。そして私にしかわからないほどの、目尻の動き。

「今日もご苦労さまでした。寄ってくれてありがとうございます」

そんな心の言葉が聞こえてきます。

ほめ言葉や、人を応援する言葉、人を元気にする言葉は、実は「あ、」の一文字だけで十分なのだとあらためて思います。その一文字が、がんばる人、しんどい思いをしている人を、どれだけ救ってくれることか、どれだけその場所を自分の居場所にしてくれることか。

「あ」一文字のプレゼント。その０・５秒が、誰かの人生を救います。

第4章

明るいことばが明るい未来を引き寄せる

「信頼される人」の逆転の発想とは

46 「これから」が「これまで」を決める

過去は変えられる

春の頃だったと思います。京都の東本願寺の前を歩いていたら、看板に書かれたある言葉に目がとまりました。

これからが これまでを 決める

これから、つまり未来が、これまで、つまり過去を決める？　不思議ですよね。
後で調べてみたら、浄土真宗の藤代聡麿《ふじしろとしまろ》さんという名僧の有名な言葉でした。

「これまでが これからを 決める」のではない。
「これからが これまでを 決める」のだ

過去があって、今があり、今があって、未来がある。それは確かに真実。

過去に起こった事実は変えられない。未来は過去の続き。だから、自分のこれからの人生は、歩いてきた道の続きでしかない。それも確かに事実だけれども、過去の後悔や悲しみは消えることがない、のではない。過去の失敗が失敗のまま終わる、わけではない。

過去の事実は変えられないけれど、意味は変えられる。生きてきた人生の意味は、これから、自分で決めることができる。これからの生き方が、これまでの人生の意味や価値を決めていく。

「これまでが これからを 決める」のではない。
「これからが これまでを 決める」のだ

命は大切に使えば一生持ちます。この一生をかけて、自分の生きた意味を見つけていきたいですね。

47

「生まれ変わる」ことはできないが「生きなおす」ことはできる

人生は何度でもやり直せる

「これからが　これまでを　決める」

それにつながる言葉を、先日、さだまさしさんのコンサートのトークでも聞きました。

さだまさしさんは美しいメロディーにのせながら、愛や夢や幸せばかりではなく、人生の苦しみや不安や悩み、深い悲しみや切望などを私たちの心に届けてくれます。

「そうであっても、がんばろうよ」

そんな応援歌として、さださんは私たちをいつも元気づけてくれています。

「生きていくことは、やはりつらいこともたくさんあるけど、あなたがいる。私がいる。それだけでもこの人生は素晴らしいこと」

そんな思いが、さだまさしさんの歌の根底に流れているのではないでしょうか。

今回のコンサートのトークで、いつものように、さらりとさださん、こんなことを言われました。

「生まれ変わることはできないけれど、いま、生きなおすことならできる」

確かに、一度きりの人生。なんでこんな人生なのだろうと思ってしまうこともあるかもしれません。では、生まれ変わりに希望をもって生きる？

残念ながら生まれ変われる約束はありません。

けれども、いまこの時から、自分のこの人生を、生きなおすことならできる。

生きなおす、ということは、自分の今まで過ごした時間を断ち切ることでは決してありません。周りを変えてしまおう、環境を変えてしまおう、というばかりのことではもちろんありません。

自分の生き方を変える。自分の人生への見方を変える。周りとの向き合い方を変える。人の愛し方を変える。今を大切にする、その仕方を変える。感謝の仕方を変える。生きなおすとは、そんなことを言うのではないでしょうか。

結果として、まるで生まれ変わったような人生が、始まるかもしれません。

これもまさに、「これからが これまでを 決める」ことになる。

さださんのこのセリフは、デビュー45周年記念で発売されたアルバム『Reborn』の中の曲、「まぼろし」の歌詞でも歌われています。

生まれ変わることなど決して　出来ないけれど
生き直すことならきっと　出来ると思う

生きなおす。

とはいえ、生きなおしてもうまくいかないことばかりかもしれません。

私も何度も生きなおし、そのたびにまた新たな壁にぶつかって、もう八方塞がりのように思ってしまったこともありました。

それでも私たちはいつも道の途中。

きっと私たちは、何度でも生きなおしていいのではないかと思います。

さらにすばらしく、さらにいい人生を、何度も何度も生きなおして、そしてこの一度きりの人生を、生き切ることができればと。

48 「こうあるべき自分」でなく「こうありたい自分」へ

心の矢印で自分が変わる

何年か前のことです。ある高校生日米交換交流から戻った生徒たちの帰国報告会に出席しました。

その中で、一人の男子生徒が、こんな話を聞かせてくれました。

「僕は、今まで、人の評価とか、人にどう見られているかで自分を見てきました。だから自分が『誰』なんだかわかりませんでした。渡米して、アメリカの高校生とたくさん話をして、自分が誰だか見つけようと思っていました。ルームメイトになったアメリカの高校生と、世界のことや自分のことをたくさん話しました。とても素晴らしい体験でした。自分に自信を持つこともできました。でも、やはり自分は誰だかわかりませんでした。ただ、一つわかったことがあります。自分というのは『こうありたい自分』が自分なんだと。『なりたい自分』が自分なんだと。それをわからせてくれたのが、この3週間です」

力強く、また素晴らしい話でした。

この社会で生きることは、たくさんの「評価」の中で生きることでもあります。受験にしても、仕事にしても、日々の暮らしにしても、誰かから「評価」され、その「評価」が自分のように思えてしまいます。

次第次第に、外からの評価が自分の基準になってしまい、「こうあるべき」という姿が「自分」になってしまいます。「いい子」や「いい人」になっていきます。果たしてそれが本当の自分なのだろうか？　と思えてきます。

周りが求める姿になることはもちろん素晴らしいことですが、それが自分の求める姿なのかが気がかりです。

とはいえ、「自分探し」で歩いてみても、なかなか自分は見つかりません。結局のところ、自分の外に自分を探してみても、それは周りの「評価」と変わらないことなのかもしれません。

自分とは「こうありたい自分」。自分とは心の向き、心の矢印の指し示すところ。まさに高校生の彼の言う通りなのだと思います。

大海原に向かう船。操舵室で、海図にコンパスと定規で引いた線。その線自体がまさに自分自身なのでしょう。

49 「幸せになりたい」でなく「幸せになる」

幸せかどうかは自分で決める

私がある方に教わった素敵な言いかえがあります。拙著『できる大人は「ひと言」加える』（小社刊）の後書きでもご紹介しました、その方はこう言われました。

「松本さん、幸せになりたい、なんて思ってはだめですよ」

とても不思議なセリフですよね。

「幸せになりたい、ではなく、幸せになる、にしましょう。幸せになりたい、は願望です。幸せになる、は決意です」

まったくその通りだと思いました。

「幸せになりたい」という願望だと、「幸せ」がどこか遠いところにあるように思えてしまいます。何やらたどり着けない目的地、実は存在しない理想郷のように思えてしまいます。

たとえば「海外旅行に行きたい」「ハワイに行きたい」と思うばかりでは、なかなか旅に出られませんが、「海外旅行に行く！」「ハワイに行く！」と言ってしまった瞬間に、スマホでチケットを検索し始めたりしますよね。決意は行動を生み出すものです。言葉にはそれだけの力があります。

「幸せになりたい、ではなく、幸せになる」

その後書きを見てまた別の方が、私にさらに教えてくれたことがあります。

「松本さん、そうそう！ 幸せになる！ これが大切。そやけど（大阪の方です）もう一つ大切なことがあるんや。それはな、幸せだ！ って思うことや！ まずはそこから始めるんや！」

幸せって結局、人それぞれ。どんな小さなことに幸せを感じようが自分次第。幸せの基準は自分で作れる。ならば、今、自分は「幸せだ！」と思うところから始めてしまえばいい。そしてそれを続ける。さらにはもっと幸せになる。

「ああ、今日も目が覚めて幸せだ！」「働く仕事があって幸せだぁ〜」「豪華じゃないけど、ご飯が食べられて幸せだ！」「大切な人がいてくれて幸せだ！」

確かにそう思った瞬間に、私たちは幸せになってしまっていますね。

幸せかどうかは自分が決める。一度きりの人生、「不幸だ、不幸だ！」と言っていても、確かにもったいないように思います。「幸せだ！」から始めてみましょうか？

50

「人生のすべて」は「奇跡」と言いかえる

奇跡はいつも目の前に

私は自分のブログで「ほめる」や「ほめ達」や「ほめる生き方」につながりそうな名言や格言も集めています。

ほめ達の「ほめる生き方」とは、すべてのものごとに価値を見つけて毎日を過ごす生き方、人生に「当たり前」なんて存在しない、と考える生き方です。

そんな名言・格言の中で私が大好きな一つがあります。

物理学者のアルベルト・アインシュタインが残してくれた言葉です。

人生には、たった二つの生き方があるだけだ
一つは奇跡などないかのような生き方
もうひとつは、まるですべてが
奇跡であるかのような生き方だ

There are only two ways to live your life.
One is as though nothing is a miracle.
The other is as though everything is a miracle.

自分にはこの先も特別ないいことなど起こるはずがない、と思ってしまったり、昨日も明日もさして代わり映えしない、と思ってしまったり。

毎日朝がくることも、会社に行くことも、給料をもらうことも、家族とテレビを見ることも、「当たり前の毎日」と思ってしまったり。自分の人生に奇跡なんてない、と思い込んでしまう。それも無理はないことですけれど。

けれども、よくよく考えてみたら、私たちの人生のすべてが奇跡なのではないでしょうか？

地球が毎日正確に24時間で自転を繰り返してくれているから、明日も朝が来るのです。雨が降り、風が吹き、日差しが届き、花が咲き、実がみのる。そのおかげでこうして今日も食卓に食べるものがあるのです。すべては奇跡。

目が覚めると、同じ屋根の下に家族が寝ている奇跡。昨日まで知らなかった人と、今日出会えた奇跡。抜けるような青空を見上げる奇跡。

きつい仕事をなんとかやりとげた奇跡。ビールをとても美味しいと感じた奇跡。何より生まれてきたこと自体が奇跡。

そう考えると、当たり前なんてことはなくて、毎日のすべてが奇跡です。

毎日起こる奇跡に喜びながら生きることで、人生はもっと輝くものなっていきます。そしてまた、かけがえのないものだと知ることもできます。

宇宙がビックバンで始まって、１３８億年と言います。

私たちは宇宙の始まりからスタートして、いつしか生命に変化し、その生命の枝分かれの中で、ずっと命をつないで、今、こうして生きています。

私たちの祖先がアメーバのような小さな小さな一匹だったとしたら、その先祖の一匹が子孫を残さず死んでいたとしても、私たちのこの命はありません。

１３８億年も途絶えることなくつながってきたのが、私たちの命、そしてこの世界です。

それ自体が奇跡ではないでしょうか？

すべてが奇跡と知ることで、奇跡の毎日を過ごしていきたいですね。

51 「あなたは天才！」「私も天才！」

持って生まれた才能を使いきる！

日本ほめる達人協会には、ほめ達を伝えることができる協会認定の「認定講師」という資格を持った方々がいます。

半年間の「認定講師養成講座」を受講され、資格試験を受けられた方々なのですが、養成講座はほめることを学ぶというよりも、「ほめる生き方」を学ぶ講座と言うことができます。さらに自分の「人間力」を磨く講座であり、まさにダイヤの原石を自ら磨きだし、ブリリアントカットしていくような講座です。

実は私もその「認定講師養成講座」の第1期生でした。そしてすでに養成講座を修了された方は300人を超えています。まったく違ったプロフィールを持った方々ばかりで、学校の先生、専業主婦の方、大手企業の会社員、中小企業の経営者、栄養士、美容師、ケーキ屋さん、フリーアナウンサー、お医者さん、看護師さん、もちろん講師業の方などなど、バラエティあふれる方々です。

皆さんそれぞれの立場や職場で、ほめ達を活かされています。

認定講師のコミュニティもとても楽しいものです。他人の良いところを見つけようという姿勢があり、さらに個性豊かな方々ばかりですので、そのコミュニティに身を置くだけでもエネルギーをもらえると、皆さん口々に言っておられます。

また、言葉に関してアンテナを張った方々ですので、面白かったり、深かったりする言葉がいつもたくさん飛び交っています。

先日、大阪であった、ある認定講師のイベントで、私の前に座っていた認定講師のお二人の、ふとした会話にもしびれました。

関西出身の認定講師の佐藤由美さんと木村美季さんが、思いっきり関西ノリでしゃべっておられました。佐藤さんはいつもユニークな発想や発言をされる方、木村さんは吉本のNSC（吉本総合芸術学院）にもいらしたテンポのいい会話のできる方です。

その日のイベントを見て、お二人とも自分もがんばろう、という気持ちから始まったようですが、

「わたし、天才やねん」と佐藤さんが胸を張ります。

「自分で言うんや？（笑）」と木村さんが心地よくつっこみます。

「いや、わたしが天才やなかったら、親に失礼やないですかぁ？」と佐藤さん。

「ほほう!?」。目からウロコ的なオーバーリアクションで返す木村さん。

「天才って、天にもらった才能ですよね。だから親からもらった才能は、ぜんぶ天才やないですかぁ？」。ドヤ顔ではなく、真顔で語る佐藤さん。

「な～るほどぉね～！」と木村さんが明石家さんまさんばりに感心しています。私も後ろから思わず「な～るほどぉね～！」と参加してしまいました。

天才とは、天にもらったこの才能。ということは、親からもらった私が持っているこの能力のすべてが天才。それが人と比べてどうこうではなく、この私のこのチカラは親に与えられたもの。それに感謝しなくては、親に失礼になる。

もらったものに感謝しながら、精いっぱいこの人生を歩む。自分の天才を使いきる。かっこいい発言ですね。

そして当然、自分の周りの人たちもすべて天才です。

すべての人たちが自分の才能を使いきれたら、どんな素敵な世の中になることでしょう。

自分の才能も人の才能もしっかりと引き出してあげること。まさにそれがほめ達が目指すこと。あなたの天才も、ぜひぜひ引き出してあげてください。

52 「斜にかまえる」でものを見るか「斜にかまえない」でものを見るか

ダメ出しの達人とほめる達人の違い

私は「ほめる達人」の企業研修の中などで、参加者に楽しくて簡単なワークをいくつかしてもらっています。

その中の一つで、「ああ、自分はダメ出しの達人にも、ほめる達人にも、どちらにでもなれるんだ！」と、気づいてもらえるワークがあります。

「斜にかまえ」てものを見るか、「斜にかまえない」でものを見るか。これを体験していただきます。

私がお題になる画像をプロジェクターで投影して、そのお題について二、三人ずつで、まず1分間、「斜にかまえて」語っていただく。そして同じものについて今度は「斜にかまえずに」1分間語っていただく。そんなシンプルなワークです。

たとえば夏の研修などであれば、「セミ」をお題として出しました。「セミ」についてまずは「斜にかまえて」語っていただく。もちろん、個人的な好き嫌いはおいておく前提で。「斜にかまえる」ので、実際に斜めになってもらったり、腕組みしたり、眉間にシワよせて語ってもらいます。

「セミって見た目がイヤだよね！」「とにかくうるさい！　暑苦しい！」「マンションの廊下に転がっていると思ったら、急に飛ぶし！」などなど、大盛り上がりでたくさんのダメ出しが飛び出します。

次に「斜にかまえずに」1分間「セミ」を語ってもらいます。つまり、ほめる達人になってもらいます。そうすると、さっきまでと真逆の発言が飛び出します。

見た目がイヤと言っていた方が、「とはいえ、つぶらな瞳をしてるかな?」とか、うるさいと言っていた方が、「だけど、やっぱり夏を感じるよね」とか。急に飛ぶしと言っていた方が、「短い命を懸命に生きていることを考えると、自分もがんばらなくてはと思います」など、すっかりどなたもほめる達人です。

人はダメ出しの達人にも、ほめる達人にも、どちらにでもなれる、ということなのです。スイッチ一つで、どちらでもできる。

ダメ出しが必ずしも悪いわけではありません。ダメ出しというと言葉が綺麗ではありませんが、「課題を見つけて解決をする」という姿勢が、本来のダメ出し。

それも私たちには必要な能力でもあるのです。ただ、足りない部分ばかりを指摘しあっていると、言われたほうも言うほうも、プラスのエネルギーが下がっていきます。何より、心に腕組みしている。心の眉間にシワがよっていて嬉しくはない。

心の腕組みをほどいて、心の眉間のシワをゆるめて、斜にかまえずにものを見るだけで、私たちは「セミのつぶらな瞳」にまで気がつくことができてしまいます。

「斜にかまえる」能力も「斜にかまえない」能力も、私たちはどちらも持っているのであれば、今、この瞬間、どちらを使えばいいのかを考えられる、そしてスイッチを切り替えられるのが、ほめる達人なのではないでしょうか。

さらには、

「自分は、斜にかまえているのか？　かまえていないのか？」

それを自分でわかること。ただそれだけでも、人との関係がうまくいったり、毎日の暮らしに活力が生まれます。

「おっと今、斜にかまえてたな。ここは斜にかまえないほうがいい場面！」

そんなふうにスイッチを変えて、言葉を言いかえられたらいいですね。

53

「自分」は「一番つきあいの長い友だち」

自分とのつきあいを大切にしていますか

女子高校生や女子中学生たちの発言って、えてして真をついていることが多かったりします。彼女たちも既にできる大人だったりします。

先日、山手線の中で、学校帰りの女子高生たちが、ドアにもたれながらすごいことを言っていました。

「ねえねえ、自分の、一番つきあいの長い友だちってだれだ？」

「え、なになに？　だれだれ？」

「正解は、じぶん～♪」

「なにそれ～」

「だって、生まれてから死ぬまでつきあわなきゃいけないもん」

「まじうける～」

いやいや、あなた、まじすごいんですけど。

思わずその娘に「なんでそんなふうに思ったの？」とインタビューしたくなりましたが、次の駅で降りてしまいました。ついていけばよかったかしらとも思いつつも、危ないおやじになりそうなのでやめました。

一番つきあいの長い友だちは、自分。確かにおっしゃる通りですね。自分とは生まれてから死ぬまでつきあわなきゃいけない。

自分を一番長い友だちと考えたら、自分とのつきあい方が変わりそうです。

普段、私たちは、一番長い友だちの割には、この友だちのこと、わかってあげているでしょうか？　大切にしているでしょうか？　応援してあげているでしょうか？

何か上手くいかなかった時に、

「大丈夫、大丈夫、よくやったよ！」

そんなふうに声をかけてあげているでしょうか？

何か上手くいった時に、

「さすがだよ！　すごいじゃん！　やっぱりキミってそれ、上手いよね！」

そんなふうに拍手をしてあげているでしょうか？

ちょっとしんどくても、何かを目指してがんばっている時に、

「よし、もう少し一緒にがんばろうぜ！　あともうちょっとでゴールだね！」

そんなふうに伴走してあげているでしょうか。

自分って、意外とがんばり屋だったり、怠けものだったり。自分って、意外と真面目だったり、ふまじめだったり。自分って、意外とまともだったり、変なやつだったり。それも含めて、「まったく、そういうところが、いいところだよね！」なんて受け入れてあげているでしょうか？

一番つきあいの長い友だち。大切にしたいですね。

余談ですが、山手線の中で聞いた女子中学生の会話で秀逸なものがありました。

修学旅行中らしきの二人の会話です。自由行動中に何かあった様子です。

「もう、四苦八苦だよ」

「なに？　しくはっくって？」

「四苦八苦！」

「宿泊？」

「宿泊はトマル！　四苦八苦はコマル！」

レベル高いなあ。

54 「自分」を「CMタレント」に置きかえる！

どんなことでも楽しめるひとり芝居法

先日、人間ドックでバリウム検査を受けました。

バリウム検査が苦手と言われる方も多いですよね。

どんな出来事も楽しむ「ほめ達！」の私としては、バリウム検査も楽しもうと思うわけです。

まずは放射線技師の方に呼ばれたら、最高の笑顔で「はい！」と答えるところから始めます。この検査だって一期一会《いちごいちえ》、レントゲン撮り合うも多生《たしょう》の縁。まして私の隠れた病を探してくださろうというのですから、感謝を込めてにっこりと、最高の笑顔で検査器の上に乗ります。

最初に、おちょこくらいのプラスチックカップで炭酸の粉を飲み、それをやはりおちょこくらいカップに入った薄めたバリウムで飲み込みます。

〝食前酒だな、これは♪〟

そう心の中で呟くと、がぜん楽しくなり始めます。

次に、大きな紙コップに半分程度注がれた本番のバリウムを飲みます。

〝おおお、これでいよいよ乾杯だ！〟

そう考えると一気にテンションが上がってきます。となると、妄想が始まります。検査技師の方が部屋から出ていって、操作盤にたどり着くまでに、心の中でひとり遊びです。

〝では、乾杯に先立ちまして、松本さまにごあいさつをお願いいたします〟

〝え〜、みなさま、本日も本当ぉ〜にお暑い中、このようにたくさんの方々にお運びいただきありがとうございます。思えば…〟

と何か語ろうとしたところへ、

「はい、では、左を向いていただいて、飲み込むところを撮りますので、カップを左手に持って、半分ほどゆっくり飲んでください」

おっと、あいさつはできなかったな。ではでは、バリウムをいただこう。ここは当然、バリウムが飲みたくて飲みたくてしょうがなかったくらいの気持ちで、ゴクゴクと飲みつつ、心は一人芝居に入ります。

〝く〜！　やっぱり夏は、バリウムですね！〟

〝そうそう。最近、ハイボールだチューハイだって言いますが、それもいいけど、やっぱり私なんぞの世代では、バリウムですよ〟

〝ですよね〜、この喉ごし！　やっぱ違いますよね〟

〝そうそう、胃に染み渡るっていうか、ずっしりくるっていうか〟

人って意外と単純で、こんなことを思っていると、本当にバリウムが美味しくなってきてしまいます。

「はい、では残りを一気に飲んでください」

ここではアゴを上げて飲み干す様を、ビールＣＭのタレントさんとダブらせます。

当然、まずは福山雅治さんあたり。肩からギターを下げて、青空に湧き上がる白い雲の下、野外コンサートでシャウトした後の打ち上げ気分です。

次に江口洋介さんになりきります。都会の夜の大人の雰囲気です。飲み干したら最後は、満島ひかりさんのはじける笑顔で決めます。

さて、いよいよぐるぐる回されます。

「はい、まず、右回りに2回転してください」

検査器の上で、ぐるんぐるんと回ります。当然、気分は体操の内村航平さんです。

いかに綺麗に2回転するか？　全神経を集中します。伸身トカチェフひねりです。着地も決まった！　栄光への架け橋だ！

「では、前を向いて、右の腰を少し浮かしていただいて」

なんだろう、このかっこ、腕は開いて手は手すり。右腰を少し浮かせて前に出す感じ…、

〝永ちゃんだ！〟

気分は矢沢永吉さん。右腰を出して、肩を開いて、ついでに右目を細め、左眉を上げて、永ちゃん顔をしてみます。手すりがマイクスタンドのように思えてきます。

そのまま心で呟きます。

〝アーユーハッピー!?〟

決まった。スタジアムが熱狂している！

ま、こんなことをしていると、バリウム検査もとても楽しくなります。さすが私は「ほめ達！」です。

どんなことでも楽しめる。

ただ、やはり、場所をわきまえて、ほどほど、ってのが大切です。

矢沢永吉さんバリに、体を傾け、右目は半ウインク状態で、

〝アーユーハッピー!?〟

と心の中で決めた瞬間、

「ぶふっ」

と小さなゲップをしてしまいました。

途端に検査技師の方がマイクで言われます。

「ゲップ出ちゃいましたね～。炭酸とバリウム足しますねぇ」

と、また食前酒から始まります。

ま、楽しくなるのは間違いないので、ぜひ、ほどほどにお試しください。

55

「しつける」でなく「子どもがマネしたくなる大人になる」

子どもは大人たちを見て育つ

私はこの数年で、「しつけ（躾）」という言葉がどうも好きでなくなりました。以前は「しつけは、身を美しくすると書く。まさに日本人の美学でもある」という思いもありました。ところが最近の子どもの虐待のニュースで使われる「しつけのつもりで」という言葉を耳にするたび、心を痛めます。

もちろん、そこには事件を起こした大人の自己弁護の意味もあるのでしょう。ただ、共同体意識がなくなり、核家族化して、価値観が多様化した中での「しつけ」という言葉は、諸刃《もろは》の剣のように思います。なぜなら、その言葉の基準を、親や大人、それもその言葉を使う個人が持っているからです。

自分がしつけだと言ってしまえば、それが正論になってしまう怖さ。幼い子どもに食事を与えないことや、体を傷つけてしまうこと。それをしつけと言い切る怖さ。

「それはその大人が悪い。しつけという言葉の使い方が悪い。本来の意味とは無関係！」

その意見もわかるものの、誤用される言葉はその時代において、言葉としての機能がどこか足りていないと私は考えます。まして、その言葉によって誰かが傷ついてしまうのであれば。

しつけという言葉を使わなくても、もっと言えば、子どもたちに何かを押し付けなくても、親が見本を見せてやりさえすれば、時間をかけても子どもたちは親たちの真似をしていくと私は考えます。

子どもは親の鏡。親が退屈な空気でテレビやスマホを見て過ごしているのに、子どもにはゲームをやめて勉強しなさい、というのは、そりゃ無理強いでもしないと伝わりません。

私たちは鏡に向かって、怖い顔になっていないでしょうか。私も息子二人がいる中で、自分でもふと心配になることがあります。

ほめ達認定講師で、とても笑顔が素敵な男性がいます。どう見ても良きパパ、良き旦那、良き上司に見える方。ところがその方は、以前はまったく笑顔がなかったと言います。お子さんに手をあげたりはしないものの、怒鳴りまくっていたそうです。

大手企業で働かれるその方。仕事で疲れて家に帰ってきて、息子さんがゲームなどで遊んでいると、「何やってんだ。勉強しろ！」と、仕事に疲れた顔のままで、いつも怒鳴っていたそうです。

ある日、ふとその方は気づかれたと言います。

「子どもが一所懸命勉強して、がんばって手に入れる未来とは、こんな疲れた顔で怒鳴る大人の姿なのだろうか？」

こんな姿を見せていては、子どもが勉強したくなるわけがない。自分は、子どもが目指す大人だろうか？　自分は、子どもが向かう未来だろうか？　子どもの幸せを願うのならば、子どもが幸せを手にした時のような「幸せの見本」に自分はなるべきなのでは？

その日から、その方はまずは自分が笑顔でいよう、楽しそうに元気で働く大人でいようと決めたそうです。子どもの憧れの未来予想図でいようと。

さらにその方は、自らも学び始めました。自ら学ぶ姿をお子さんに見せたいと思ったと言います。何歳になっても学び続ける姿を子どもに見せたい。学ぶ楽しさを知っている大人の姿でいたい。そんな思いもあって、ほめ達の認定講師にもなられたと言います。

子どもたちが真似したい大人、憧れの大人、子どもたちの憧れの未来予想図に、私たちはなりたいものですね。まずは大人自身の「身を美しく」。

56 商売は「行く道」でなく「帰り道」

どう帰ってもらうかが顧客満足

私が家業のガソリンスタンドで働いていた時代のことです。

足立区の北千住、下町の商店街の中にあった店だったので、私には商店会会員としての仕事もありました。

商店会のイベントを企画したり、売り出しの企画をしたり、盆踊りや秋祭りでは夜店を出したりと、当時私は40歳くらいでしたが、それでも商店会の最若手。いろんなことをやらされて、もとい、させていただいておりました。

もちろん、それにかかる労力も大きいのですが、商店の先輩たちから教わることはそれ以上に価値あること、素晴らしいことと感じていました。

ある年、歳末だったでしょうか、売り出しのチラシを作った時のこと。

私はパソコンで原案を作り、商店会長の魚屋のウオゲンさんの旦那に見せに行きました。

ウオゲンさんは親から譲り受けた小さな魚屋を、他の街からも買い物客が来るほどの大繁盛店にした商売人です。

人情味があり、ひょうきんでもあり、これまた早稲田大卒だったりします。いまだに私の「師匠」であり「兄貴」のような存在です。

いつも何か、商売の神髄のような大きなヒントを、面白おかしく私に伝えてくれたりしていました。

その時もウオゲンさんは私の作ったチラシを見て、

「まっちゃん、最高だねえ！　イイねえ！　お客さん、わんさか来ちゃうよ」

なんて、いつものようにほめてくださって、じゃあこうしてこうしてと、売り出しまでの手順を確認した後に、ぽろっとひと言、奥行き深い言葉を加えてくださいました。

「ま、**商売はね、いかにお客さんに来てもらうかも大切だけど、もっと大切なのは、いかに帰ってもらうかだからな**。チラシ作って売り出しして、集めたお客さんにどう満足してもらえるか、それはそれぞれの店でがんばってもらわなきゃな」

商売は、いかにお客さんに来てもらうかより、いかに帰ってもらうかがもっと大切。まさに顧客満足をうまく言い表した言葉です。

さらにウオゲンさんは付け加えてくれました。

「お客さんの気持ちになれば、行く道よりも帰り道なんだよな。満足してまた来ようと思いながら帰る、そこが大事。そうしたらまた来てくれる。それでなくちゃ商売は大きくならないし、続かないよ」

行く道よりも帰り道。

客商売だけでなく、すべての仕事に言えるのではないかと思いました。もっと言うと、人との関係のすべてに言えるのではないでしょうか。

満足して帰ってくれたら、また来てもらえる。また来てくれる人が増えれば、きっと自分の仕事は、自分自身は、人から大切にされるものになる。人から求められ続けるものになる。行く道よりも帰り道。相手目線の、素晴らしい言葉だと思います。

帰り道、相手に何を持って帰ってもらうのか。

笑顔？　満足？　嬉しさ？　楽しさ？　不安解消？　お得感？　元気？

時々、はたとウオゲンさんの言葉を思い出して、自分が今していることを確認したりしております。

57

「楽しみです」で楽しい結果が生まれる

嬉しいゴールを描くことばで推進力を

奈良盆地の南西、二上山のふもとに、當麻寺《たいまでら》という古いお寺があります。どれだけ古いかと言えば、白鳳・天平時代。およそ千四百年の歴史があります。東塔と西塔の二つの塔は、両塔が現存するものでは最古という、素晴らしいお寺です。ところが奈良観光の中心とは少しはずれる場所のせいか、訪れる観光客も多くはなく、広い境内はいつも静かで、奈良の中でも穴場中の穴場と言えます。

奈良好きの私は学生の頃に訪ねて以来、ファンになりました。何年か前にさだまさしさんをプライベートでご案内したところ、さださんも大ファンになってくれました。その時から當麻寺中之坊の院主の松村實昭さんと懇意となり、さださんともども、ことあるごとにお世話になっております。

松村院主はいつも穏やかな笑顔で私たちを迎えてくれます。広い奈良の青空の下、ゆったりと流れる悠久の時間に包み込んでくれるかのように。

そして松村院主とお話ししている時に、いつもふっと元気をもらえる言葉があります。それは誰もが使う言葉です。そして、とてもシンプルな言葉です。

「楽しみですな」

そんな普通な言葉です。私が「今度、こんなことがあるんです」などとご報告をすると、「ああ、それは楽しみですな」。そんなふうに、ゆっくりと、笑顔で言ってくださいます。その言葉を聴くと、自分としてもこれから起こることに、何か楽しい結果が生まれてきそうに思えます。小さな勇気や力が生まれたりします。

言葉は心の推進力になるものです。明るい期待感や明るい予感を感じる言葉、とても大切ですね。そんな言葉をくださる方には、またお会いしたくなってしまいます。

逆に**「難しいんじゃないの？」「無理無理！」。****そんなふうにマイナスな予感ばかりだと、勇気や力はなかなか生まれづらいもの。**

私もできるだけ、明るい期待感や明るい予感が生まれる言葉を使うようにしています。

まさにその當麻寺へ、友だちを募って遊びに行く予定だった日の天気予報が傘マーク。

「松本さん、當麻寺の日、雨みたいですよ…」

「おおお、雨の當麻寺もまた風情《ふぜい》がありそう！」

「ポジティブだなぁ！　でも、そう言われると悪くないですね」

出来事はどちらに転ぶかわかりません。思うようにいかないこともあります。それでも自分たちにとって嬉しいゴールを目指せる言葉。明るい期待感、明るい予感を伝えると、小さな勇気や力になります。勇気や力を持って企画や行動を進めると、そうでない場合よりいい結果が出るのは当然のことです。雨の當麻寺も、誰もの記憶に残る素晴らしい一日となりました。

この本の編集担当の青春出版社の野島純子さんも、まさに明るい期待感、明るい予感を伝えてくれる達人です。本の企画から、執筆、編集、販売にいたるまで、どの段階でも、

「いやあ、いい本になりそうですね！」

「間違いなく、いいものになります！」

と、明るい期待感満載で伝えてくれます。そんな言葉を言ってもらえると、不思議なものです。「そうなるかもしれない」となんとなく思えてきて、そのゴールを目指して張り切ろうという気持ちになります。

「今日は何か、イイことありそうだね」

そんなひと言でいいと思います。明るい期待感で、素敵なゴールを目指してみませんか？

58 「これからどうする？」で一歩踏み出す

人生は自分で決めたほうが面白い

私の息子は今、大学生と高校生です。彼らが子どもの頃から、私が意識して使っていた言葉があります。それは「どうする？」です。

ああしなさい、こうしなさい、こうしよう、と親が決めて従わせるのではなく、「どうする？」とたずねて、自分で決めさせるようにしています。人に言われてやらされ感があるよりも、自分で決めれば納得感があるものです。

それこそ、休日の昼に近所にラーメンを食べに行こうという時も、「ラーメン食べに行くぞ！」でなく、「父さんはラーメン食べに行くけど、どうする？」といった具合です。

自分で決めたことであれば、その結果も自分のものになります。ラーメンが美味しければ自分の決断が良かったわけですし、たとえラーメン屋さんが行列で待たされようが、たまたまお休みで、おそば屋さんに変更になろうが、その結果も受け入れやすくなります。

指示されてすることは、その結果も相手のものになってしまいます。ラーメンが美味しくても親に連れて行ってもらったからですし、美味しくなかった時は、親に無理やり連れて行かれたから！　になってしまいます。

脳は決断をする時に一番パワーを使うと言いますから、脳の訓練にもなっているかもしれません。

私は自分に対しても、この言葉を投げかけることがあります。なんとなく判断がつかない時や、何かの選択に躊躇《ちゅうちょ》している時、

「で、どうする？」

と、声に出して自分に問いかけてみます。「ん～、まっ、やってみちゃう？」なんて、踏ん切りつけて、歩き出せたりします。

「うまくいかないかもしれないけれども、それはそれでその時に考えよ。まずはやってみよ！」

そんなふうに、小さな勇気で、一歩踏み出すことができます。

また、選択肢で迷っている時でなくてもとても便利です。「さて、今日はどうする？」「これからどうする？」。それだけで、頭が動き始めます。心もなんだか準備を始めます。

自分の人生、決めるのは自分ですものね。「さて、どうする!?」でまいりましょう。

59 マイナスの感情は「用済み」で捨てる

「恥ずかしい」「腹が立つ」は成長のためのブラックエンジン

黒歴史、なんて言葉があります。

できたら、なかったことにしたい恥ずかしい思い出ですとか、自分の仕事の歴史の一ページにしたくないような稚拙な内容や結果などを指して使われています。

そういう意味では、私にもたくさんありました。中学生の頃に勢いあまって同級生の女子に書いてしまったラブレターとか。何を書いたのだかもちろん覚えてもいないものの、盛り上がって書いた記憶だけはありますので、今から思えば恥ずかしい。しかもその女子からは見事なまでのふられ方をしている。見事なまでにかっこ悪い自分。

ただそれが遠い昔の記憶の彼方に消えていくのならまだしも、残念なことにその同級生女子と何十年もしてから同窓会などで再会してしまい、「松本くんからもらった手紙、まだどこかにしまってあるわよ」などと言われてしまった時の血の引くような感覚。また、その頃の事情通の友だち連中が、「そういえば松本くん、あの頃、かなり彼女を追っかけてたわよね」なんて酒の肴《さかな》に暴露大会となった時の卒倒しそうな感覚。まさに、なかったことにしてほしい歴史です。

やはりまた、大学生の頃に、何を思ったかバンドを結成してしまい、勢い余ってホールを借りてライブをしてしまった。当時はかっこいいと思ったオリジナル曲が、年を追うごとに、その内容のよろしくなさ、歌や演奏の素人っぽさに気づき、当時の音源を聞くたびに穴があったら入って蓋をしてこもりたいくらいな気持ちになってしまう。あの頃、友だちに配ってしまったカセットテープを回収して歩きたいような、なかったことにしたい歴史です。

さらには、こと仕事でいったら、私の歴史はだいぶ黒く塗ってきた気もします。

そんな中である日、その消えることのない恥ずかしい感情を分析してみました。

たとえばライブ。その恥ずかしいという感情は、20代前半の自分のライブの音源を聴いて、「うっわ、音はずしてる！　冷静に聴くと歌詞も幼い！」。そう思った時のもの。なぜ、あんなにかっこいいと思っていたものなのに、恥ずかしいと思ってしまったのでしょうか？

それは自分がコンサートの後に、多少なりとも成長したからなのでしょう。

コンサートの当日までは、それが一番いいと思っていたわけです。ところが、その日から少しでも成長した自分からしたら、過去の自分を冷静に見ると恥ずかしい。

「恥ずかしい」という感情は、それはそれで必要な感情なのかもしれません。成長のためのバネとなりエネルギーとなるようなマイナスの感情。これもまたブラックエンジン。それが必要な時代もありましょう。

ただ、その感情はもう十分に使って、多少なりとも自分は成長したのですから、実はもう、「用済みの感情」なのですよね。

なのに、「はずかし！」と、タグ付けされた古い感情は、そのことを思い出すたびに表れます。勢いあまったラブレターもそうです。その頃より文章を書くのも、相手に思いを伝えるのも、客観的になる部分でも自分が成長しているから「はずかし！」と思うのです。そう思うことで自分は成長しようとします。そして自分が少しでも成長できたのならば、もうその感情は「用済みの感情」なのですよね。

「用済み」なんだから、もう「心のゴミの日」にでも出してしまえばと思います。

感情の断捨離《だんしゃり》です。（燃やすゴミか？　燃やさないゴミか？　資源ゴミか？　粗大ゴミか？　別として）

他にも、「用済みの感情」って、ないでしょうか。「あの時に、あの人に、あんなこと言われた！　腹たった！」なんて感情。

今はもうその人もそばにいなかったり、今の自分の暮らしには、もうすでに何の影響もなかったり、今の自分ならばもう少し心の器も大きくなったりしているのに。

過去の自分には関係があった感情だけれど、少なくともこれから未来を創っていくのには不必要な、むしろ邪魔になる感情だったりします。

なのに、何かのきっかけでその事実を思い出すたびに、タグ付けされた感情で「腹たった！」と思ってしまいます。その感情はもう、使わなくていいエネルギーかもしれません。

もちろん、忘れてはならない感情もたくさんありますが、よくよく考えてみたら、すでに「用済みの感情」になっているものがたくさんある。ふとそう思いました。

「思い出すたび、腹が立つ！」そんなこともあるかもしれません。**ただ、もうその感情は、十分に役割を果たしている**かもしれません。そんな感情の力を借りなくても、私たちはもう十分にやっていけるかもしれません。

「用済み」の感情に「ごくろうさん！」と言ってあげて、その感情から自分を解き放ってあげてみませんか。

60 「ちゃんとできてない！」は「おしいなあ、ここまではＯＫ」と言いかえる

心とことばの変換キーを押してみる

ほめるとは「価値を発見して伝えること」。言葉選びも、人やモノや出来事に、価値が一番生まれる言葉を探すことになります。

実は、誰もがその身体の中に、言葉選びの素晴らしいデバイスを持っています。それは言葉選びのキーボードです。中でも便利なのが、「心と言葉の変換キー」。

この「心と言葉の変換キー」をカチカチ押すと、自分の心をいろいろな言葉に変換できたり、見聞きした言葉をいろいろな意味に変換できたりします。

もちろん、これをプラスに使っていくのです。マイナスにネガティブに変換していくのではなく、プラスに価値あるほうに変換します。

たとえば家族のミスで時間がギリギリになった時に、

「何やってんの！」と言いたいところを、カチカチカチッと変換して、

「スリル満点だね、我が家は！」に変えると、なんだか楽しくなってきます。

部下が指示したことを完璧にできなかった時に、

「ちゃんとできてないじゃないか！」と言いたいところを、カチカチカチッで、

「惜しいなあ！　ここまではオッケー！」に変えると、アドバイスしやすくなります。

人に伝える言葉ばかりでなく、心の中で呟く言葉にも使えます。

『なんだか、気難しい人だな…」と、心の中で浮かんだら、エンターキーを押す前に、変換、変換、カチカチカチッ。

『なんだかとても、慎重な方みたい！』。よしよし、エンター。

『うわ、やっぱり、お盆の高速道路は渋滞すごすぎ、最悪！』

おっと、エンターキーを押す前に、変換、変換、カチカチカチッ。

『おっと、これまた私の人生史上、最強の渋滞きた!?　車内で何して楽しもう？』

よしよし、エンター。

無理して自分をごまかすのではありません。変換し、言葉選びを変えることで、自分の気分も場の空気も一掃されることが、実はたくさんあるものです。

人は一日に5万回、6万回と言葉で思考していると言われます。さまざまな言葉が頭に浮かんでは消えていきます。

その言葉選びを、相手にとっても自分にとっても、価値あるものに変えていくことができたら、人との関係も、自分自身との関係も、そして毎日の暮らしも、きっと素晴らしいものに変わっていきますよね。

「心の言葉の変換キー」

カチ、カチ、カチッ…カチ、カチ、カチッ…

もうお気づきかと思いますが、変換キーの音は、価値、価値、価値ッ…

おあとがよろしいようで。

おわりに

言葉を選びなおして、人生を選びなおす。

そんなエピソードを60個ほどご紹介しました。

何年か前に同僚から「松本さん、この数年ずっと激動、進化していますけど、何が一番変わりましたか？」と質問されたことがあります。

確かに自分のいる環境やポジションや暮らしは大きく変わりました。じゃあ、自分の何が変わったかと言えば、自分は自分、そんなに変わっていないような気がして、「何かなあ」などと、その時はごまかして終わりました。

後日、メールサーバーに残った数年前の自分の送信メールを見て驚きました。使う言葉が今と違っている。自分だけれど、自分じゃない人のようでした。

言葉は衣服のようなもの。自分という存在は変わらなくても、身にまとう言葉で、人はまったく違って見えるのだと知りました。

同時に、衣服に合わせて自分自身も変わっていく。それは間違いないようです。そして嬉しいことに言葉の衣服は、今すぐに着替えることができるのです。

今日はどんなデザインの、どんな色の服にしましょうか？

そういえば、この本の表紙の色、デザイナーの方が、とても深みがあってセンスを感じる、しっかりと印象に残る色を選んでくださいました。

「フュクシャ・ブルー」というそうです。フクシアという花のフランス語名。フクシアは、南アメリカ原産の小さくて可憐な花。「貴婦人の耳飾り」と言われたりもします。花言葉は、「つつましい愛」「信じる愛」。

この表紙がまとった色は、小さな言葉の輝きや、そこから生まれる愛、そして人と人とのつながりや信頼を、まさに表してくれました。しあわせです。

フクシアは「福シェア」とも書きたいです。しあわせのシェアになったらば。

最後になりましたが、私の師匠であり、この本にも何度も登場し、オビに推薦コメントまでくださった、さだまさしさんに心より感謝申し上げます。

松本秀男

青春新書
PLAYBOOKS

人生を自由自在に活動《プレイ》する

人生の活動源として

いま要求される新しい気運は、最も現実的な生々しい時代に吐息する大衆の活力と活動源である。

文明はすべてを合理化し、自主的精神はますます衰退に瀕し、自由は奪われようとしている今日、プレイブックスに課せられた役割と必要は広く新鮮な願いとなろう。

いわゆる知識人にもとめる書物は数多く窺うまでもない。

本刊行は、在来の観念類型を打破し、謂わば現代生活の機能に即する潤滑油として、逞しい生命を吹込もうとするものである。

われわれの現状は、埃りと騒音に紛れ、雑踏に苛まれ、あくせく追われる仕事に、日々の不安は健全な精神生活を妨げる圧迫感となり、まさに現実はストレス症状を呈している。

プレイブックスは、それらすべてのうっ積を吹きとばし、自由闊達な活動力を培養し、勇気と自信を生みだす最も楽しいシリーズたらんことを、われわれは鋭意貫かんとするものである。

―創始者のことば―　小澤和一

著者紹介

松本秀男〈まつもと ひでお〉

一般社団法人　日本ほめる達人協会　専務理事。1961年東京生まれ。国学院大学文学部卒業後、歌手さだまさし氏のプロダクションに8年半勤め、制作担当マネージャーとしてアーティスト活動をサポート。その後、家業のガソリンスタンド経営を経て、45歳で外資最大手のAIU損害保険株式会社（当時）の代理店研修生に。トップ営業経験の後、伝説のトレーナーとして部門実績を前年比130％に。さらに本社・経営企画部のマネージャーとして社長賞を受賞するなど、数々の成果と感動エピソードを生み出し続けた。現在は徹底的に人の価値を見つけ、人と組織を動かし業績を上げ、しかも家庭まで元気にする「ほめる達人（ほめ達!）」として、企業研修、子育てセミナー、国内外での講演活動などで活躍。テレビ・ラジオ・ウェブなどメディア出演も多数。

一瞬《いっしゅん》で「信頼《しんらい》される人《ひと》」になる！
できる大人《おとな》のことばの選《えら》び方《かた》

青春新書 PLAYBOOKS

2019年11月25日　第1刷

著者　松《まつ》本《もと》秀《ひで》男《お》

発行者　小澤源太郎

責任編集　株式会社プライム涌光

電話　編集部　03（3203）2850

発行所　東京都新宿区若松町12番1号　〒162-0056　株式会社青春出版社

電話　営業部　03（3207）1916　振替番号　00190-7-98602

印刷・図書印刷　製本・フォーネット社

ISBN978-4-413-21153-6